AF317038

Francisco de Miranda

# Viaje de La Habana a New Jersey

Barcelona 2024
Linkgua-ediciones.com

# Créditos

Título original: Viaje a La Habana-New Jersey.

© 2024, Red ediciones S.L.

e-mail: info@linkgua.com

Diseño de cubierta: Michel Mallard.

ISBN rústica ilustrada: 978-84-9897-285-6.
ISBN tapa dura: 978-84-1126-084-8.
ISBN rústica: 978-84-96290-73-0.
ISBN ebook: 978-84-9897-087-6.

# Sumario

# Brevísima presentación

La vida

Francisco de Miranda (Caracas, 1750-España, 1816). Venezuela.

Hijo de Sebastián de Miranda, comerciante canario, y Francisca Antonia Rodríguez, caraqueña. Nació el 28 de marzo de 1750.

Estuvo involucrado en la Revolución Francesa, la Independencia de los Estados Unidos, y de Hispanoamérica.

Estudió en la Universidad de Caracas y fue uno de los hombres más cultos de su época. Tenía conocimientos de matemáticas y geografía y dominó el francés, el inglés, el latín y el griego. En 1781 combatió junto a tropas españolas, a favor de las fuerzas independentistas, en Pensacola (colonia inglesa en la Florida).

Poco después se fue al Reino Unido en busca de apoyo en su pretensión de independizar Hispanoamérica. También con ese propósito fue, en plena Revolución Francesa (1792), a París. En Londres vivió con su ama de llaves, la inglesa Sarah Andrews, con quien tuvo dos hijos. En 1805 viajó a Nueva York y en 1806 marchó en una expedición revolucionaria a Haití. Y más tarde se dirigió al puerto de Ocumare, en Venezuela, donde fue derrotado por los españoles.

Miranda fue arrestado el 31 de julio de 1812 por un grupo de civiles y militares, entre ellos Simón Bolívar. En 1813 fue conducido a España, a la cárcel del arsenal de La Carraca (Andalucía). Allí murió el 14 de julio de 1816.

Este libro relata un viaje de Francisco de Miranda por Cuba y los Estados Unidos... Miranda traza aquí un fresco de la sociedad americana del siglo XVIII.

Los libros de Viaje de Miranda inauguran un nuevo género: el viaje en sentido inverso, desde América hacia Europa, construyendo una visión del mundo relatada por los nativos del continente americano. Cabe añadir que el ciclo de textos de viaje de Miranda comprende además a Europa Occidental y Rusia.

# Viaje de La Habana a New Jersey

## La Habana. La Mar, 1 junio 1783

A las nueve de la mañana me hice a la vela en la balandra americana *La Prudente* su capitán J. Wilson: mi buen amigo don Ignacio Menocal estuvo a verme y despedirse hasta el último momento, ofreciéndome su proceder cada día más y más fundamentos para admirar su probidad y sano juicio en el centro del vicio y la corrupción. ¡O grata idea a mi memoria! Asimismo se hizo a la vela toda la escuadra y convoy español que a las órdenes del teniente general don Josef Solano se dirige a Cádiz, llevando a su bordo la mayor parte del ejército de operaciones y por valor de cerca de 60 millones pesos en especie y frutos; cuyos productos habían estado retenidos en nuestra América desde la declaración de la guerra.

El viento y corrientes han sido tan favorables, que al amanecer solo descubrimos dos pequeñas embarcaciones del todo de la escuadra y convoy: al mismo tiempo vimos el pan de Matanzas; y dirigimos nuestra ruta a desembocar el canal de Bahamas. Al día siguiente al amanecer avistamos tierra y por ella reconocimos ser Cabo Cañaveral y estar por consecuencia desembocados. El viento continuo siempre fresco por el O. de suerte que el día 5 pasamos la latitud de Charlestown donde era mi designio desembarcar; pero el buen capitán Wilson ya sea porque el viento no fuese muy favorable, o porque a él no le acomodase, que es lo más cierto, procedió desde luego a la Carolina del Norte sin embargo del ajuste y promesa que dio a mi amigo James Seagrove de llevarme a Charlestown; no parece que es hombre delicado en este género de materias.

## La Sonda de Occracoke, 8 junio 1783

El 8 por la tarde recibimos piloto, pasamos la barra de Occracoke y dimos fondo en la *Sonda* inmediato a un pequeño lugarejo que está sobre el banco Core y es la habitación de los pilotos que conducen las embarcaciones que llegan a la Barra. Cuantas gentes vinieron a nuestro bordo en el bote del piloto me parecieron sumamente robustos y corpulentos; lo mismo noté en las mujeres y niños que vi después; las gentes del país atribuyen este efecto al alimento que no es más que pescado, ostras y algunos vegetales que cogen en unos pequeños jardines que cerca de las habitaciones cultivan y es cuanta agricultura les he conocido: la gente de mar repugna siempre toda idea de agricultura: el aire del mar creo contribuye principalmente a la salubridad del paraje y no dudo que el pescado compuesto en el simple modo que ellos le comen contribuía a la procreación extraordinaria, pues lo mismo se observa con la gente pobre en Málaga y otros puertos de mar. La Viruela parece que es su enemigo capital, pues antes de llegarse a nuestra embarcación nos hicieron hacer mil protestas de que tal contagio no venía a bordo. Los botes de que se sirven son de una excelente construcción para la mar y así se aventuran largo con todos tiempos; su Construcción y tamaño no se diferencia al parecer de los que usan nuestros navíos de guerra sino en que éstos en lugar de popa tienen otra proa de modo que rompen hacia todas partes sin la precisión de virar y que son sumamente ligeros; sus galigos y delgados me parecen también muy diversos: la construcción es tan barata en estos parajes, que por uno de los mejores me pidió el amo 80 pesos y no dudo que si hubiéramos venido a ajuste lo hubiera dado por 70.

## Newberne. Carolina del Norte, 9 junio 1783

El 9 a las diez de la mañana nos hicimos a la vela en demanda
de Newberne y habiendo navegado como 40 millas en todo
el resto del día y noche por esta *Sonda* que es bastante peligrosa (hace pocos años se perdieron en ella más de sesenta
velas mercantes que componían un gran convoy que estaba
aquí al ancla; sin que quiera suponerse sería tal vez falta de
buenos pilotos, pues lo que hay allí son en mí concepto los
más cuidadosos y hábiles que he visto) al siguiente día temprano entramos en el río Neuse y navegando 50 millas más
sobre él, con viento fresco del N. E. llegamos a las doce y
media del día a la ciudad de Newberne, capital de este Estado. Su situación es agradable en la confluencia justamente
de los ríos Trent y Neuse, este particularmente es espacioso
y su navegación agradable, sus orillas por una parte y otra
están cubiertas de cerrado, espeso bosque bastante frondoso
y algunas habitaciones con poca agricultura en sus inmediaciones.

A las cinco de la tarde bajé a tierra y tomé alojamiento en la Taberna de mister Oliver, pagando un peso diario por comida alojamiento, etc.; cuyo precio me ha parecido sumamente barato en comparación del aseo y buen trato de alojamiento.

Los principales habitantes que se hallaban allí a la sazón son mister Ogden, mister Blount marqués de Britgney (oficial francés en servicio de este Estado) mister Oram, mister Cooke; mister Seatgreaves, mister Ellis, mister Schilbeack, mister Goff, monsieur Heró, doctor McClure, doctor Halling, mister Johnston, monsieur Mayoli, etc. me estuvieron a visitar y obsequiaron con la mayor hospitalidad; cuyo buen trato ha durado todo el tiempo de mi residencia; sin embargo, de que sus ideas en general no son aún muy liberales y que el Sistema Social está todavía en mantillas. Las mujeres (con particular las casadas) guardan una reclusión monástica y tal sumisión a los maridos cual no tengo visto jamás: visten con aseo y toda su vida es doméstica. Luego que se casan se segregan de toda amistad íntima y sus miras tornan enteramente al cuidado de su casa y familia; el primer año de casadas juegan el rol o papel de amantes, el segundo de crianderas y el tercero y resto de amas de llaves. Las solteras por el contrario gozan de toda libertad y van solas a pasarse donde gustan, sin que sus pasos se observen... Los hombres visten con negligencia y groseramente; todos fuman tabaco por lo general en pipa y lo que es más lo mascan con tanto exceso que algunos me aseguraron no poder irse a la cama y reconciliar el sueño sin tener la mascada en la boca.

Pocos días después de mi arribo a este paraje, tomé conocimiento con mister Nash y el coronel Spaight, que viven en sus casas de campo a 2 y 3 millas de la ciudad montando el río Trent: el primero es excelente jurisconsulto y ex gobernador del Estado en las pasadas emergencias, su trato y comunicación, como igualmente el de toda su familia (el joven Witherspoon incluso) me produjeron muchos ratos de agradable sociedad, e instrucción el otro es joven de buenas ideas y excelente disposición para sobresaliente instrucción si continúa en su plan de estudios y viajar: ambos son electos Delegados al congreso por el año siguiente.

La población de esta ciudad se compondrá de quinientas familias de todas clases: las casas son tal cual y pequeñas por lo regular, bien que cómodas y aseadas; casi todas son de madera. La iglesia y casa de asamblea son de ladrillo y correspondientes al lugar. El mejor edificio de todos y que realmente merece la atención de un viajero instruido es el palacio que llaman, construido hace dieciocho años por un hábil arquitecto inglés (mister Hauks) que a este efecto vino de Inglaterra con el gobernador Trion. Y aún permanece en la ciudad: le he tratado muy particularmente y posee un carácter admirable: me franqueo un plano exacto del edificio y jardines que da cabal idea del todo (plano número 1). La fábrica es toda de ladrillo y su construcción en el gusto puro Inglés; todos sus adornos sumamente sencillos y colocados con bastante gusto, e inteligencia: en el gran salón de audiencia, o asamblea, hay el adorno de una chimenea en mármol de buen gusto, trabajada en Inglaterra; y según se infiere por una inscripción que se lee sobre la puerta interior del pórtico, es regalo que hizo Sir William Doctoraper; quien estuvo aquí a su vuelta de la expedición de Manila en el año de 63, a visitar a su amigo Trion. La situación del edificio sobre los bordes del río Trent en un paraje algo elevado le da el comando de un prospecto de más de 12 millas sobre el otro río Neuse y hace su situación bastante agradable.

Este día se declaró en el campo a son de cada, una compañía de milicias sobre las armas (cada soldado y oficial con su vestido y fusil de distinta especie) y descarga de cuatro pequeñas piezas de campaña; que a este efecto se llevaron de antemano; la suspensión de armas y tratados preliminares con la Inglaterra por remate de fiesta. A eso de la una del día hubo un *Barbecue* (esto es un cochino asado) y un tonel de ron, que promiscuamente comieron y bebieron los primeros magistrados y gentes del país, con la más soez y baja suerte del pueblo; dándose las manos y bebiendo en un mismo vaso. Es imposible concebir sin la vista, una asamblea más puramente democrática; y que abone cuanto los poetas, historiadores griegos nos cuentan de otras semejantes entre aquellos pueblos libres de la Grecia. Al remate hubo algunos embriagados, se trompearon de buena gana, hubo un herido y al anochecer cada uno se retiró a dormir, con lo cual y quemar algunos barriles vacíos por modo de *feu-de-joy* concluyó la fiesta.

Pocos días después estuve a ver la habitación de mister Green distante 12 millas del lugar, es uno de los más principales Farmers del Estado; su carácter, probidad y edad son remarcables; ésta excede ya de ochenta y cinco años, sin que en la salud, robustez y actividad se note la menor decadencia, su humor es festivo y agradable constantemente. La casa está situada sobre una pequeña altura y al pie hay dos o tres fuentes que producen agua en abundancia sumamente cristalina y hermosa; la agricultura que se ve a las inmediaciones es poca cosa y consiste principalmente en maíz, batatas y árboles frutales que forman una extensiva *Orchard* (jardín frutal). Sus casas de campo por lo común son cómodas y aseadas, bien que como se ha observado ya en las de la ciudad, algo pequeñas. No puede negarse lo industrioso de los habitantes, pues con motivo de la guerra y general escasez de manufacturas, cada vecino estableció un telar en su casa de campo, donde fabricó telas de algodón y lana para vestir toda su familia; algunas he visto de muy buen paño y dibujo con las manzanas, peras y duraznos hacen muy buena cidra y Aguardiente. Entre los animales que tenía allí este venerable anciano noté un cisne de hermosa figura y que aún parecía joven, sin embargo de que por el cómputo que su amo hacía, tenía ya más de sesenta años de vida: ¡rara constitución por cierto, en tan pequeño individuo! Al ponerse el Sol me volví a Newberne en compañía de los amigos Oram y Cooke, que me hicieron el gusto de acompañarme en esta excursión, pues sin embargo de que mi ánimo era permanecer en compañía del buen viejo por tres o cuatro días, la casualidad de haberme querido recostar un poco después de comer, cuando un tropel de chinches me salieron a recibir en la cama; me hizo mudar luego de dictamen: este insecto es tan común y abundante en el país que todas las casas están contaminadas por lo general, a lo que contribuye no poco el que sean de madera: todo el tiempo de mi residencia me vi precisado a dormir en el suelo en medio de una sala, pues no hubo remedio de extinguirlas de la cama y son de un tamaño tan extraordinario, que una sola abulta por tres, o cuatro de las comunes en Europa. Otro animal hay también que no contribuye a incomodar menos el oído por la noche; la cantidad y especies distintas de sapos es tan inmensa que la música se oye a una gran distancia y como el país todo está cubierto de ríos, ciénegas y pantanos no faltan músicos en todas partes: unos hay particularmente que llaman *bullfrogs*, cuyo canto asimila perfectamente el bramido del toro; su tamaño es como cuatro veces uno de los comunes en Europa. Entre las aves de canto hay una que ciertamente es admirable y merece particular atención; ésta es la que llaman *mockingbird* (o arrendajo) su melodía y variedad de tonos es tan admirable que no cabe descripción; y lo mejor es de que son tan comunes que cada vecino que tenga un árbol a las inmediaciones de su casa, puede estar seguro de su rato de música en el discurso del día... ¡bravo contraste al de la música nocturna de los sapos! —su forma y color es semejante a la de los *sinsontes* de la Nueva España.

Otro día estuve a ver la plantación de mister Ogden en su compañía, la del coronel Blount, Seatgreaves y el joven Ogden; vi sus plantíos que comúnmente consisten en maíz, cebada, trigo y batatas; los árboles frutales estaban tan cargados de fruta, particularmente manzanos, perales y duraznos, que el que no estaba apuntalado, tenía la horqueta rota y ramas desgajadas con el peso de la fruta. Los habitantes observan este espectáculo no con aquel agrado que el pasajero, pues saben por experiencia que el año de mucha fruta, sobran por todas partes tercianas; cuya enfermedad es muy predominante en el país y les arruina insensiblemente la constitución y complexión personal, tornando pálidas las más rozagantes teces europeas.

Algunas damas, sin embargo, conservan sus colores bellos y su salud en el mejor estado, el número de mis más favoritas y conocidas son miss Oram, miss Elis, miss Nash, miss Elis senior, miss Schilbeack, miss Cooke, miss Cooke senior, miss Oliver y miss Egliston, su trato es algo encogido, pero su sociedad cuando se ha conseguido alguna confianza y familiaridad es agradable y jocosa; miss Stanley (cuyo marido estaba ausente y es el principal comerciante del paraje) es dama de muy buenos modos y circunstancias, no tuve el gusto de tratarle de cerca; miss Cogdell, su hermana, es una de las más bien parecidas y floridas complexión que he visto en toda la América.

# Camino de Beaufort. Carolina del Norte, 12 julio 1783

El 12 de julio a las diez de la mañana dejé finalmente a todos mis amigos de Newberne y pasando el río Trent por el ferry (o barca) de la ciudad ésta tomé el camino de Beaufort y a las dos de la tarde llegué a la posada de Allways distante 23 millas de Newberne; el camino es bastante bueno, como lo son en general todos los de este país, pues el terreno es duro y arenoso, e igual por todas partes; pero la casualidad de haber llovido mucho los días anteriores, hizo que todos los puentes de madera que hay sobre él estuviesen destruidos y no con poco trabajo hube de pasar los caballos y Sulky para seguir mi jornada ésta fue un poquillo fatigosa, pero una comida regular y aseada y la compañía de Confort y Constance dos hijas del posadero y muchachas de quince a dieciocho años muy bien parecidas, pronto pusieron en olvido la caminata: por la noche hubo buena cena y mejor conversación con las muchachas; una no tuvo embarazo en venir a mi solicitud, a continuármela en la cama después que todos se retiraron a dormir. Al siguiente día a las seis de la mañana emprendí otra vez mi jornada y habiendo andado 21 millas por caminos semejantes al del día antecedente, atravesando un *Swamp* (pantano) que tendrá más de una milla de ancho y millones de mosquitos encima, llegué a las diez del día a Beaufort.

# Beaufort. Carolina del Norte, 13 julio 1783

Tomé alojamiento en casa de miss Cheney que me trató y cuidó grandemente; su amable compañía pudo en algún tanto mitigar la aridez, e insociabilidad del lugar. Aquí encontré todo mi equipaje a salvo, que desde Newberne había enviado el día antes de mi salida por el río; y, además, hallé también a mi amigo Schilbeak que para asistir a algunos comerciantes y pasajeros franceses procedentes de La Habana y náufragos sobre los bancos de Cape Look Out, había llegado aquí el día antes; con su sociedad, compañía, y tocar un poco de flauta conseguía divertir un poco las incomodidades del clima, particularmente los mosquitos y el calor; este es con tal exceso, que jamás me acuerdo haber sufrido semejante desagradable impresión, aun en las costas de África y provincia de Extremadura en España. Los asuntos de los comerciantes y pasajeros franceses se transigieron con tan buen orden, justicia y equidad que todos se retiraron satisfechos y yo muy contento de verme entre gentes que aunque pobres son humanos y generosos. Por las leyes del país todo el individuo que con su asistencia y ayuda salvase cualesquiera efectos de embarcación náufraga sobre las Costas, tiene para sí la cuarta parte; y aquí es que los botes de los pilos que llevo mencionados arriba, o *Whale Bots*, como les llaman por este paraje, son la suma utilidad y hacen ver su habilidad y audacia; cuando esta embarcación que he referido varó sobre los bancos de Look Out, los golpes de mar la cubrían y pasaban de popa a proa, a cuyo tiempo los *Whale Bots*, sin la mayor fatiga se paseaban sobre las ondas irritadas protegiendo la embarcación y recogiendo cuantos efectos salían a flote: hasta el forro de cobre salvaron y lo trajeron a Beaufort. Este lugar está situado en una playa arenosa y bastante desabrigada, sino por algunos bancos de arena que hacen como barrera a la mar y forman, The Sound, o la *Sonda*: su población será como de ochenta vecinos y las casas bastante infelices; no hay comercio y así los vecinos son pobres, sin embargo de que su situación es mucho más ventajosa para tenerle que Newberne, pues en la *Sonda* pueden entrar hasta fragatas. Mister Parrat y mister Dennis que son los sujetos instruidos del lugar, me favorecieron con su compañía todo el tiempo que me detuve aquí aguardando embarcación en que embarcarme para Charlestown: el primero es agrimensor general y me dio un muy buen plano del Estado, por lo que mira a sus costas, e inmediaciones del mar.

En el medio tiempo hice una excursión en el país a distancia de 12 millas subiendo el pequeño río Newport en las habitaciones de dos hermanos cuáqueros, el uno rico, e ignorante mister..., el otro (mister William) pobre, instruido y generoso este me escribió una larga carta, enviándome la célebre apología de R. Barclay por los de su persuasión y que inserto en el número para modelo del peculiar modo que tienen de escribir. Jamás he sufrido semejante incomodidad por calor, chinches y mosquitos que la que pase estos dos días de investigación cuaquérica. La agricultura que por allí se observa es poquísima (maíz es lo general y batatas) el terreno arenisco y muy pobre. Sobre las riveras del mar o *Sonda* hay varios molinos de viento de muy buena construcción, e idea; son todos de madera y duran, sin embargo, doce y veinte años: otros hay en las quebradas que caen a los ríos donde por medio de una calzada y compuertas que llaman *Dam* (en otros términos esclusa) recogen agua y forman por lo general dos molinos uno de aserrar madera y otro de moler grano de esta especie hay infinitos por todos estos parajes, pues la tablazón es uno de sus principales ramos de comercio.

## Cape Fear. Carolina del Norte, 22 julio 1783

El 22 a las dos de la tarde me despedí de mis pocos amigos y me embarqué en una pequeña goleta su capitán. J. Adison, para seguir a Charlestown: el viento sopló favorable por el norte y el siguiente día a las tres de la tarde llegamos a Cape Fear, entramos en el río por la boca que llaman New Inlet y dejando a la izquierda enfrente de esta misma entrada el fuerte Johnston, a 10 millas más arriba subiendo dicho río, sobre la propia mano izquierda está el lugar de Brunswick, perfectamente situado tanto para el comercio, como para el goce de la vida; pero enteramente arruinado y demolido en la última guerra. Inmediato a este a cosa de una milla más arriba sobre la propia rivera izquierda del río Cape Fear se halla la habitación y estado del general americano Howe, en la cual vive (ínterin él se divierte en disipaciones por otra parte) su desgraciada familia, pues la mujer está en tono de divorciada y una preciosa hija suya de dieciocho años acaba de tener dos hijos con un negro esclavo suyo... ¡válgate Dios por naturaleza humana y leyes injustas que la afligen!

## Wilmington. Carolina del Norte, 22 julio 1783

Siguiendo nuestra navegación río arriba por espacio de 20 millas más, con poco viento llegamos a las once de la noche a Wilmington; y no me causó poca sorpresa ver aquí embarcaciones de 600 y más toneladas que con toda facilidad suben río arriba. A Brunswick llegan fragatas de guerra, pues la boca principal del río tiene en su entrada más de 3 brazas de agua por cuya razón no es extraño haya aquí mucho más comercio que en Newberne y demás lugares del Estado y que éstos florezcan sobre todos. La situación es ventajosa y agradable, muy abundante en aguas de fuentes cristalinas que brotan por todas partes; y sus edificios, aunque no muchos, son cómodos, aseados y mejores por lo general que en Newberne: hay mucho más comercio que en los otros parajes ya citados y sus habitantes parecen más sociables y generosos; ambos sexos visten también mejor. El mayor Walker, para quien traje carta de recomendación, y mister Blount comerciante, ambos sujetos de respeto en el lugar me acompañaron y manifestaron el interior; por remate fuimos a la casa del billar donde se jugaron algunas partidas hasta el mediodía: este juego está tan introducido en el país que en ninguno de los lugares por donde pasé faltaban sus dos, o tres mesas de esta diversión; las mujeres se quejan de que los maridos frecuentan demasiado esta moda francesa, introducida en el tiempo de la guerra. Por la mañana temprano estuve en el mercado, que es bastante bueno en proporción y entre las frutas que allí trajeron noté unos duraznos tan grandes y hermosos que sin ponderación eran como una naranja, su color sumamente encarnado y por un lado amarillo. También observé a las inmediaciones del lugar en los parajes más elevados y de comando varios restos de fortificaciones de campaña, que los británicos erigieron en la guerra que acaba de concluirse, cuando tomaron posesión de este puesto.

Esta provincia está situada entre los 34° y 36° 33" latitud norte. Estará poblado como 300 millas en lo interior y 150 lo largo de la costa. La agricultura es cosa corta por lo general y la cría de ganados es mucho más considerable particularmente cerdos y ganado vacuno: el invierno es corto y bastante frío; pero el verano es calurosísimo; truenos y tormentas son muy frecuentes, produce maíz trigo y variedad de vegetales; mucha fruta y los árboles frutales son mayores que en Europa al doble: los caballos (cuya cría no es pequeña) son de raza inglesa y bastante buenos: la caza de venados es abundantísima y la diversión favorita de los caballeros y gentes del país, me hallé en una de estas partidas y protexto[1] que a cada momento aguardaba que alguno de la comitiva viniese con pierna, brazo, o cabeza rota; pues el modo es echarse a correr a caballo tras del gamo que se descubre en medio de un bosque cubierto de ramazón y que a veces apenas cabe el caballo; éstos están ya acostumbrados y el jinete se baja ceñido al pescuezo del caballo que se suelta a todo correr conforme ve la pieza y es el que lleva la dirección; no faltan ejemplares funestos de este modo de diversión en el país. Los lugares son pequeños el gran número de sondas y pasajes estrechos les impide el aumento; excepto el río Fear y Clarendon, no hay ninguno que admita la navegación de embarcaciones mayores de ochenta toneladas. Los ramos principales de comercio son alquitrán, brea, terpentina, duelas, madera, pequeños mástiles y pelletería: el año de 70 se supone entradas y salidas de embarcaciones de todo porte en este Estado al pie de 990. Los habitantes por este mismo tiempo se calculaban al número de 150.000, pero por los cálculos publicados en Filadelfia en ochenta y cuatro son total 300.000,

1   (Sic.)

capaces para las armas 75.000; un medio proporcional entre estos dos será tal vez el número cierto.

Gobernador del Estado
Su excelencia Alexander Martin, Esqr
Lugares principales

| | |
|---|---|
| Newberne | Brunswick |
| Wilmington | Halifax |
| Edenton | Beaufort |
| Bath | Hildsborough |
| Hartford | Winton |
| Exeter | Tarborough |

## La Mar. Georgetown, 25 julio 1783

El día 25 a la una del día nos hicimos a la vela y bajando el río por donde mismo salimos, dejamos a nuestra derecha el bien situado lugar destruido de Brunswick, el arruinado fuerte Johnston y antes de ponerse el Sol desembocamos a la mar por la grande *inlet*, o boca principal, que como llevo mencionado tiene fondo suficiente para admitir navíos de mayor porte —con el viento fresco por el N. E. continuamos nuestra navegación toda la noche y entre diez y once de la misma dimos fondo sobre los bancos que forman la embocadura de Winyah Harbour, por la parte del norte— al romper el día del 26: levamos el ancla y con toda seguridad entramos en el río Wackmaw, por la boca que llaman Town Entrance, que tendrá dos brazas de fondo; el viento continuó soplando por el N. O. flojo y nosotros continuamos nuestra navegación río arriba hasta que a las once del día nos amarramos en los *Wharfs*, o muelles de madera de Georgetown, situado sobre la ribera del norte de dicho río Wackmaw a distancia de 20 millas de su embocadura —la planta es bonita y sobre terreno un poco elevado, su población aunque pequeña parece decente y contiene muy buenas casas, algunas hay quemadas y otras enteramente arruinadas de resulta de la última guerra—. Inmediatamente saltamos a tierra y en compañía de nuestro capitán Anderson y mister Tucker, pasajero natural de Boston, fuimos a la posada única que hay en el lugar; aquí nos hubimos de hospedar pasablemente mal; por la noche tuve que reñir una pendencia con la ama de casa para que una mala cama que tenía dispuesta para que mister Tucker y yo la ocupásemos juntos, fuese solo para uno: sin embargo, dos huéspedes más que había en la posada los encajó juntos en otra camita dentro del propio cuarto que se había destinado para nosotros; creyendo sin duda que el privilegio de camas separadas, excluía por consecuencia el del cuarto que primero nos había acordado y después despojó sin más ceremonia ni cumplimiento. El pan que comimos todo el tiempo que estuvimos aquí, era de arroz, en unas tortillas pequeñas; lo mismo nos sucedió en Beaufort de Carolina del Norte; el gusto es bastante bueno y saludable su nutrimento.

El siguiente día por la mañana tomé un caballo y me paseé por las plantaciones inmediatas, observando las plantaciones de arroz y añil que hay por todos aquellos contornos. Las tierras son muy buenas por todo el distrito y su agricultura muy adelantada y floreciente (varios sujetos del país me han asegurado ser la mejor de todo el Estado). En las inmediaciones del lugar sobre los parajes de comando se ven algunos restos de fortificaciones de campaña, hechas por los británicos en el curso de la guerra que acaba de concluirse. Las casas de campo que se ven por las inmediaciones son hermosas, cómodas y espaciosas; denotando en ello la riqueza, sano gusto y amor justo a la vida rural, de sus habitantes. El 28 lo empleé del mismo modo visitando los contornos del lugar y algunas personas de forma de las poquísimas que había en él; entre ellas visité a miss N. que posee la mejor casa de todas y bastante propiedad: su trato es amable y posee la música medianamente; por su desgracia hubo de franquear sus privados deliciosos favores, a un sujeto casado; las consecuencias fueron un hijo, que, no habiendo tenido discreción suficiente, o tal vez no queriendo ocultarle, vive con su tierna madre por monumento de su infamia injusta... vaya una pequeña anécdota que me ocurrió aquí, para que se vea que todos los pueblos de la tierra y aun los más civilizados tienen preocupaciones de la más crasa superstición —uno de los días que pasé en este lugar acertó a ser domingo y hallándome en casa sin poder salir a dar un paseo por lo mucho que llovía, tomé la flauta y puseme a tocar una pieza de música por diversión; cuando el patrón y ama de la casa sorprendidos y escandalizados corren en busca de mister Tucker para que intercediese conmigo a fin de que dejase la flauta y no tocara en domingo: mister Tucker vino a mí inmediatamente y refiriéndome el pasaje, hube de soltar la carcajada y dejar por supuesto el instrumento; con cuya circunstancia toda la familia se tranquilizó y yo hube de hacer mi apología, por el olvido padecido— en Newberne me sucedió otro tanto habiéndome puesto por olvido a jugar a los naipes en domingo; y no tuve poco que hacer para dar una satisfacción a aquellas gentes y recobrar mi carácter, que de otro modo hubiera perdido irremisiblemente.

## La Mar. Charlestown. Carolina del Sur, julio a octubre
## 1783

El 29 a las seis de la mañana nos hicimos otra vez a la vela
y con viento fresco del norte bajamos el río en cosa de dos
horas. A las ocho salimos a la mar y dejando el río Santee
sobre la derecha a distancia de 6 millas más abajo en prolon-
gación de la costa, montamos Cape Roman y sobre la misma
costa pasamos las pequeñas Islas Bull, Capers, Davis, Long
y Sullivans; a las cuatro de la tarde recalamos sobre el fuerte
Moultry, situado sobre la punta del sur de la última de estas
islas a la entrada de la bahía de Charlestown: el fuerte Johnston, que está en la parte opuesta sobre la punta del norte de
la isla James y forma el canal de la entrada nos llamó con una
bandera: enviamos por descontado el bote y después de haberse informado el comandante de dónde veníamos y cobrar
un peso fuerte, procedimos atravesando esta hermosa bahía
y a las cinco de la tarde nos amarramos en uno de los *Wharfs*
de la ciudad en medio de crecido número de embarcaciones
mercantes que entran y salen constantemente en este puerto. Inmediatamente saltamos en tierra y, sin que nadie nos
dijese una palabra, ni guarda o ministro alguno de rentas
(porque no hay canalla de esta especie) intentase examinar
nuestros equipajes ni cosa alguna, cada uno procedió a buscar alojamiento. Yo encontré por fortuna al desembarcarme
a mister Bourdeaux comerciante de esta ciudad, que conocí
en Newberne y fue tan atento que inmediatamente me acompañó a buscar buena posada: por su recomendación tomé
alojamiento en la de miss M. Stone en Trad Street número
13. Pagando poco más de un peso diario por comida y alojamiento; hasta el 23 de agosto que para mejorar de cuartos,
en la expectativa de conseguir el logro de una lisonjera empresa amorosa, pasé a Kink Street número 80. Miss Melar,

ocupando el alojamiento que dejaban el coronel de artillería Carington y el mayor Eduard.

Al día siguiente estuve a visitar a Thomas Bee Esqr para quien traje una carta de recomendación de mister Seagrove en La Habana; me recibió con suma política y atención y me acompañó a visitar igualmente a su excelencia el señor gobernador actual Benjamin Guerard Esqr a quien entregué también carta de Introducción del general Cagigal; y en su consecuencia me ha colmado de honras y agasajos durante todo el tiempo de mi residencia en esta capital.

Estando justamente en estos asuntos y recibiendo varias personas de carácter que vinieron a visitarme al siguiente día por la mañana, ve aquí que llega el famoso abogado, consejero y mayor Eduard Rutledge Esqr, armado de espada en tono militar y llamándome aparte, me entrega bajo un preludio político y estudiado una carta sellada de parte de William Brailsford, —abrila inmediatamente y hallé en ella un completo desafío, concebido, sin embargo, en términos bastante ambiguos, nombrando por segundo y ajustador de los preliminares al citado mister Rutledge— estas circunstancias me obligaron a abrir conversación y tratar el asunto con dicho emisario; cuyas consecuencias fueron pedirme este permiso para hablar en el intermedio a mister Brailsford, que sin duda procedía equivocado en el particular: no tuve embarazo en concedérsele con el bien entendido de que supiese mister Brailsford antes que nunca le faltaría por mi parte (en caso de no estar satisfecho) cualesquiera otra satisfacción que un Caballero debiese dar a otro en casos semejantes, de aquí provino que cuando aguardaba a mi adversario ostentoso y con las armas en la mano para recibir la satisfacción que indicaba por su carta; me avisa por la tarde por mister Rutledge en recado por escrito, de que había procedido equivocado y quedaría enteramente satisfecho, si por una carta mía le aseguraba, que su carácter no desmerecía en mi concepto; pero como el fundamento de su carta a mí era falso y, ambiguo el contenido yo le remití copia de las conversaciones y recados que el mismo Rutledge puso por escrito deseando que esto pudiese aquietar su desazón. Efectivamente parece surtió efecto, pues nunca después volvió a repetir instancia; antes bien al siguiente día comimos juntos en casa de mister Bee y saludándome amistosamente, me ofreció la mano con muestras y expresiones de amistad... y así concluyó este grande aparato caballeresco, dándome a conocer su autor en lo sucesivo que no falta gran porción de quijotismo a su carácter.

Los principales sujetos del país y oficiales del ejército del sur (a quienes fui introducido por el gobernador en un gran convite que me dio cuatro días después de mi arribo) que a la sazón se hallaban aquí estuvieron a visitarme y les debo suma distinción y agasajo. Trasladaré aquí algunos de sus nombres para grata memoria y reconocimiento. General Green —general, Moultry— Thos Bee —intendente Hutson— mister chef Justice Burck —coronel Washington— coronel Lewis Moris —coronel Walton White— doctor Turembul —mister Penman— coronel Pinckney —major Butles— mister Medliton —major Pearce— coronel Eustace —Rd. mister Purcel— doctor Ramsay —ex gobernador Mathews— colector general Hall —mister Jones— Judge Heward —doctor De la Howe— doctor Flag —mister Colleton— mister Moris marcht —mister Banks id.— monsieur La Canterie —mister Bethwne mart— mister Ewen id —tresurr Black— mister Campbel mart —mister Smith— mister Marshal —mister Atorney general Moultry.

Los naturales habitantes del país son ricos por lo general y aman el campo y la vida rural, de que resulta tener muy buenas habitaciones de campaña: la caza, la danza y fumar tabaco en pipa son sus diversiones favoritas —la sociedad no está muy animada en la ciudad, sin embargo de que no faltan sujetos de instrucción y noticias— la juventud en general es vana, e ignorante: las mujeres más agradables (aunque algo hurañas al principio del trato) y visten con sumo gusto; excepto el peinado que se le forman ellas mismas con bastante negligencia —el número de este cejo es crecidísimo respecto del de hombres; no falta quien haga el cómputo de cinco a uno; y la causa que dan es el crecido número de *Tories* que los *Whigs* han muerto en la pasada guerra y el de éstos que los *Tories* y británicos han destruido igualmente—. En el distrito 96 solamente (y esto lo sé por buena autoridad) se cuentan 1.200 viudas... ¡quien quiera escoger mujer desde luego puede venir a este país de abundancia! Las damas principales que tuve el honor de tratar más en el tiempo de mi residencia aquí fueron miss Eliot —miss Pinckney— miss Purcel, miss Moultry, miss Turembul, miss Bee (llamada por antonomasia Queen Bee), miss Ward, miss Colleton (canta muy bonitamente en el gusto inglés), miss Sawyer (agradable coqueta), miss du Bose (remarcable por su bella y majestuosa persona), miss Jones, miss Hall, miss Townsend (mi g. a) miss P. Turembul; miss Mareshal y miss Glower (las dos hermosuras en boga); miss Bay, miss Mareshal, the miss Tibault, miss Eliot, miss ButIer, miss P. Smith, miss Ramssay, miss Magot (una de las tres famosas viajeras que sin compañía de hombre alguno anduvieron la Francia, Italia, etc.), miss Feneque, miss, Mathews, miss White, miss Haleston.

La ciudad es bastante extensa y contiene muy buenas casas de ladrillo y madera, cuyo número se calcula en 1.500, bien que una gran parte está arruinada por un fuego que aconteció hace tres o cuatro años; entre los edificios quemados se ve la casa de asamblea que en sus ruinas manifiesta haber sido uno de los más capaces y mejores: es increíble el núme-

ro de ocasiones que la historia nos informa haber padecido
desastres esta ciudad por tan voraz elemento. Su situación es
agradable y muy ventajosa para el comercio, justamente en el
paraje que confluyen los ríos Ashley y Cooper, espaciosos y
navegables, las brisas del mar le refrescan y hacen su morada
menos insoportable en el verano, cuyo calor y multitud dia-
bólica de mosquitos excede toda ponderación. Los edificios
más remarcables son la casa de asamblea, la nueva y vieja
iglesia y el Exchange, su arquitectura simple y pasablemente
bien entendida: el Steeple de la nueva iglesia es bastante elevado y se descubre a considerable distancia, no solamente
del mar afuera, sino en el país interior, pues el terreno por
todas las circunferencias es sumamente bajo y llano. Las calles son rectas y espaciosas con pavimentos de ladrillo por
ambos lados para la comodidad de los que transitan a pie: las
más conspicuas entre ellas son Meeting Street, Broad Street
y Chorche[2] Street. En el medio y centro de la segunda a la
inmediación de la casa de asamblea está la estatua de Pitt,
situada sobre un pedestal de mármol con rejas de hierro alrededor: la ejecución es de mediano mérito, su tamaño del
natural y el *costume* romano (extraña idea), está en actitud
de perorar, la mano derecha apoyada sobre un libro en que se
lee *Stamp Act* y de aquí se infiere que este fue el motivo de la
erección de dicho monumento, en honor de este grande hombre; le falta actualmente parte del brazo derecho que una
bala de cañón le quitó durante el último sitio en que la plaza
fue tomada por los británicos. No hay teatro, ni espectáculo
alguno; el único paraje donde las mujeres se ven en número
general es la iglesia, en los días domingos y de aquí resulta
que el número de la congregación es siempre por lo general
crecido y muy lucido —el interior de las iglesias es sencillo y
muy aseado lo cual contribuye a hacer el paraje más agrada-

2   (Sic.)

ble y da lucimiento al concurso— las horas del servicio por la mañana son las diez y media y por la tarde las cuatro; a cuya hora tampoco falta concurrencia pues como el objeto de la juventud no solamente es el celo de religión y que ni hay paseos ni parajes públicos de concurrencia, la iglesia lo suple todo —una prueba de ello es que la gente anciana y padres de familia casi no concurren del todo y ¡por casualidad se ve uno en la iglesia!

A pocos días de mi llegada merecí al general Green el favor de que enviase su edecán el major Edwards para que me manifestase militarmente las fortificaciones de la plaza —efectivamente tomamos nuestros caballos a la punta del día y con bastante escrupulosidad lo examinamos todo—. Las que circuyen la plaza (que son bien extensivas) y sus avenidas están fabricadas provisionalmente y no se puede negar que con juicio y suma inteligencia, particularmente dos grandes reductos avanzados por la parte de tierra que (como casi todas las demás) son obra del famoso ingeniero británico Montcriff: todas van a toda prisa a su decadencia y no hay siquiera un cañón montado sobre sus explanadas: lástima por cierto, pues, sin embargo, que la construcción es provisional, los fundamentos de los principales baluartes son de ladrillo y el resto tan bien soportado con trabazones de madera, que con poco cuidado podrían durar largo tiempo. A cosa de 6 millas más adelante, saliendo por la puerta de tierra, esta otra obra de campaña compuesta de varios reductos que forman una completa línea de protección a un campamento británico que estaba allí establecido, como especie de puesto avanzado para impedir el acceso a la plaza y cubrir sin duda los trabajos de las obras citadas, al tiempo que se construían. Este en mi concepto es uno de los puestos de campaña más bien fortificados que puedan imaginarse, por un modo original: el terreno al frente está cubierto de un piñal espeso y por consecuencia debía proteger todo aproche del enemigo; pues que hizo Montcriff en estas circunstancias, tomó un crecido número de esclavos, hizo abatir todos los árboles por un considerable espacio, dejándolos caer sobre el terreno interpoladamente en el mayor desorden posible; y de este modo formó un abatis de casi 2 millas de largo y media de ancho, enteramente inaccesible, sino por un angosto paso que sirve de comunicación entre este puesto y el país; los flancos están apoyados sobre los ríos Cooper y Ashley. De este modo supo este hábil ingeniero formarse con las mismas desventajas del terreno, su mayor y más segura defensa.

El fuerte Moultry y Johnston, que están a la entrada de la bahía sobre las islas Sullivan y James se hallan en la misma situación que las demás corriendo a su decadencia; en el último solo se conservan dos malas piezas de artillería para llamar las embarcaciones que entran en la bahía cuando se ofrece. El primero, tan afamado por la defensa que el año de 79 hizo, repulsando el ataque de mar que dirigió el almirante Sir P. Parker, no tiene una pieza siquiera; pero su construcción merece atención; los parapetos son sumamente elevados, por cuya razón los fuegos superiores del bajel no podían hacer la mayor impresión sobre la gente que servía la artillería; y el maderaje de parapetos, etc. de palma muy bien trabado y rellenado con tierra, el efecto del terrible y constante fuego británico de cinco navíos de guerra, por más de diez horas de tiempo, no pudo hacer si quiera la impresión de demoler un merlon; la bala que tocaba en la palma (como se observa aún) se embotaba y caía afuera sin penetrar cinco pulgadas, ni levantar astilla. Esta madera sin duda es la mejor que puede encontrarse para este género de fortificación, pero concurre la circunstancia que con la tierra y la humedad se pudre pronto. Inmediato a este fuerte en el paraje que llamaban Pest House (pues en el día no se ve semejante edificio) está otra fortificación en figura elíptica que podrá montar treinta y cinco piezas de artillería y tiene hornillas en el centro para encender la bala roja (parece que la idea ocurrió también a Montcriff, antes que el comandante de Gibraltar la pusiese en práctica con nuestras flotantes) todo construido con aquel gusto, solidez, inteligencia y sencillez que caracteriza las obras inglesas: por dos o tres parajes se ve que se había puesto fuego a esta obra con designio de destruirla cuando los británicos evacuaron la plaza; pero una lluvia que sobrevino lo apagó, preservándonos por esta casualidad un monumento de la habilidad, e inteligencia del genio militar que la erigió. No así otra pieza algo mayor al parecer que ésta, construida por el mismo ingeniero sobre un banco que se descubre al centro de la bahía, opuesto justamente a la boca de su entrada, que llaman Shule's Folly y, el único punto seguramente de donde la artillería puede contener una fuerza naval que decididamente quiera atacar el puerto y la ciudad: el fuego quemó y redujo a cenizas todo el maderaje, arruinando por consecuencia cuantos parapetos y, obras exteriores se manifiestan, pero sin fundamentos que es la obra maestra (y sin duda la mejor de su especie que se ve en toda la América ésta) subsisten aún y existirán por largo tiempo. Este paseo y visita de los fuertes lo hice en una mañana agradable en compañía de mister Yung de Savannah y mister J. Penman, mi buen amigo, cuya generosidad y atenciones experimenté constantemente hasta el punto de mi embarque. El coronel Senf comandante del fuerte Johnston que debía acompañarme en esta excursión, hallándose obligado a marchar a Georgetown en asuntos de oficio, recomendó el asunto al capitán Bellevue, que manda el puesto en su ausencia y se portó con civilidad y atención.

En otra ocasión estuve a una partida de campo en compañía del coronel Lewis Morris, edecán del general Green y uno de los oficiales continentales más instruidos en su profesión que he conocido; la compañía fueron su mujer, su cuñada miss Huger, miss Eliot y miss Eliot su suegra: el día lo pasamos agradablemente ya paseando bajo la sombra de los copados pinos ya en la sensible y gustosa conversación de miss Eliot y miss Huger, que no son escasas de noticias, ni de gusto por las bellas letras: La casa de campo que sirve de recreo a esta amable familia está sobre la rivera del río Ashley a 8, o 9 millas de Charlestown, se llama Accabee y está bien situada respecto de la configuración del país que siendo todo llano, no ofrece prospecto, ni comando ventajoso a la vista. Por la tarde nos volvimos a la ciudad y las damas jóvenes nos acompañaron a caballo, cuya diversión es favorita entre las damas del país y la practican a menudo: todos los días se ven partidas de a caballo de esta especie que corren las calles y avenidas de la ciudad. Una circunstancia ocurrió en esta ocasión que no quiero omitir: estando paseando con mi amigo el coronel por los alrededores de las casas de campo después de comer, noté un pequeño edificio de ladrillo que estaba inmediato a modo de cementerio, pregúntele que cosa era y me respondió que el depósito de los huesos de la familia: recombinele con la impropiedad de semejante idea, al frente justamente de un paraje de recreo y gusto, etc. exhortándolo a que lo removiese de allí cuanto antes; pero a esto me recombino con asegurarme que si tal cosa hiciera, no solamente le tendrían por un impío, sino que sus gentes se creerían infelices... ¡válgate Dios y hasta donde se extiende aún el dominio de la superstición y del error!

Uno de los caracteres más originales que aquí conocí, es el general Gadsden; su edad irá ya muy cerca de los ochenta y, sin embargo, ahora está cultivando el idioma hebreo. Ha construido un *Wharf* de suma extensión sobre el río Cooper (por el cual se embarcaron las tropas británicas protegidas de dos baterías sobre los flancos, a su retirada de la ciudad) y sin embargo de que la mayor parte de los inteligentes desaprobaban la empresa durando mucho la ejecución, él la realizó al fin. En el tiempo de mi residencia aquí se le prendió fuego una noche al *Wharf* por un almacén de ron que allí había y sin embargo de que todo el mundo ocurrió inmediatamente con temor y sobresalto en tan terrible y horroroso espectáculo, él daba sus órdenes y ¡tomaba providencias con la mayor serenidad...! ¡Hombre de extraña fortaleza y presencia de ánimo!

Mister Chief Justice Burck, autor del papel intitulado *Consideraciones sobre la sociedad, o orden de Cincinati*, que bajo el nombre de Casuis se publicó en Charlestown el 10 de octubre estando yo allí, es sujeto de ingenio, habilidad y buen juicio: y no puede negarse que en las inclinaciones de los sujetos se descubre la analogía del genio, talento, etc. pues jamás he encontrado sujeto tan apasionado admirador del mérito y buen gusto de nuestro inimitable Miguel de Cervantes. Le he merecido particular amistad y concepto; aprovechando infinito en su conversación y noticias durante todo el tiempo que permanecí en esta ciudad.

Doctor Ay. Turnbull, el Penn de la Florida... es sujeto de vasta erudición, profundos conocimientos y sano juicio; a lo que reúne un trato amable y don de gentes que le constituyen un completo ciudadano del mundo. Favoreciome con su apreciable amistad y trato durante todo el tiempo de mi residencia en la plaza; honrándome por último con cartas expresivas de recomendación por mi lord Shelburne, coronel Barre, general Haldiman, doctor Pristly, etc. sujetos del primer carácter en Inglaterra; cuyo contenido se lee al número.

Doctor David Ramsay, autor de la famosa oración sobre las ventajas de la independencia de los Estados Unidos de la América, leída ante una pública asamblea en Charlestown el año de 1778. Un genio activo, ideas justas, amor a la libertad civil y costumbres algo austeras forman el bosquejo de este carácter republicano... varias cartas de recomendación con que me favoreció a mi propartida me sirvieron de introducción y concepto para con varios literatos y miembros del congreso en Pensilvania y Jersey.

Judge Heward: el famoso miembro del congreso que cuando se trató el arduo asunto de declarar la independencia el 4 de julio de 1776 con resolución y ánimo heroico echó el voto decisivo y terminó el asunto probablemente para siempre. Austeridad de costumbres y de trato; justas ideas; y fortaleza inalterable, componen la parte principal de su carácter.

General Moultry, marcado en los gloriosos anales de la América, por la defensa obstinada que hizo del fuerte Sullivan (llamado desde entonces Moultry, en su honor) contra el dictamen del general Lee, que a la sazón mandaba en Charlestown y opinó que se evacuase el fuerte como incompetente para resistir un ataque tan desigual: el enemigo cometió mil errores y desaciertos; la casualidad quiso que fuese rechazado y ¡ve Vmo. aquí Moultry levantado a las nubes y el famoso Lee, decaído al extremo, por la misma razón que merecía el mayor aplauso! nada prueba más los conocimientos y genio militar del uno y los cortos alcances del otro, que el hecho mismo porque el vulgo les ha calificado tan errada e injustamente. Sano juicio y una disposición humana, sociable, e imparcial, adornan su carácter de hombre de bien.

Intendente Hutson: este empleo fue criado en su persona estando yo allí en el mes de septiembre; y su espíritu y resolución se manifestó luego en la supresión de los tumultos, o *mobs* fomentadas por el picarón de Guillon y conducidas por el doctor Faguan. Estos dos personajes o caudillos del populacho, habían dos meses antes insultado infinitos habitantes sujetos de respeto y carácter, a quienes bajo el pretexto odioso de *Tory*, o *British* el dicho Guillon quería echar del país a fin de lograr sus negociaciones mercantiles con toda excepción y ventaja propia: el gobernador y sujetos del primer carácter intentaron contener el daño a los principios, pero no pudieron con toda su autoridad impedir el que muchos individuos de forma, fuesen *Pump'd & Ducked* (esto es bañados y enlodados); al fin esto se contuvo por algún tiempo, hasta que poco después de la elección de mister Hutson intentando la propia gente juntarse otra vez para el propio efecto, el intendente envió una guardia al paraje señalado para que arrestase a todo individuo que con este designio se juntase allí: y por este medio se remedió en un momento, el mal que un jefe irresoluto y temeroso había creído incurable... nunca más han parecido desde entonces las tumultuosas bandas, ni sus caudillos. Un juicio sano, bastante instrucción, amor a las ciencias, a la sociedad y a la humanidad, son las cualidades de este carácter amable.

¡Durante este tiempo asistí muchas veces a las cortes de justicia; y no puedo ponderar el contento y gusto que tuve al ver practicar el admirable sistema de la constitución británica! ¡Válgame dios y que contraste al sistema legislativo de la España! Entre los sujetos que más brillaban *in the Bar* (esto es en estrados) se distinguían E. Rutledge; coronel Pinckney; fiscal Moultry; y el mayor Pinckney. El primero posee un conocimiento mediano de las leyes, brillante y fácil explicación, con un modo bastante agradable y recomendable persona: el segundo es hombre de buen juicio, profundos conocimientos en su profesión y fuerza en el argumento, aunque su elocuencia ni es tan brillante, ni tan sonora como la del primero. Moultry tiene solidez, juicio y muy buena locución: el último en nada es completo aún, sin embargo, de que muchos le creen un prodigio en todo: ha logrado una buena educación en Europa, es joven aún y da muy buenas esperanzas, sin que sus progresos manifiesten todavía nada de extraordinario.

El terreno de todo este Estado (como igualmente el de la Carolina del Norte) es arenisco y sumamente pobre por toda su extensión en el espacio de más de 100 millas distantes de las costas del mar; a cuya amplitud el terreno varía ya enteramente en calidad muy buena y la superficie es montuosa. Arroz y añil son los productos principales del país, cuyo valor le constituyen el más rico Estado de todos los de esta América: el primero se cultiva como se sabe en parajes cenagosos y de agua dulce, cuya oportunidad se logra aquí por medio de los abundantes ríos y mareas. A distancia de 20, o 30 millas de la embocadura de un río elige el habitante su terreno en el paraje más bajo; la marea que dos veces al día hace montar las aguas en la embocadura por 4 pies y medio de altura, inunda el terreno perfectamente y le constituye muy a propósito para dicha cultura. El añil no necesita de tanta agua y así se forma la plantación en terreno más elevado, aunque siempre en paraje húmedo y llano... de aquí resulta que todo el país por lo general está infestado de tercianas; y con tal extremo en el verano, cuando los efluvios de las aguas estañadas se aumentan y corren más por la atmósfera, que sin embargo de que las gentes de alguna comodidad procuran venirse siempre a la ciudad, o puertos de mar para preservarse del contagio, respirando el aire puro de la brisa, casi todos padecen poco o mucho: y los físicos han hecho una observación bastante singular, que es, que si en esta soson[3] se muda de aire (esto es que los que viven en la campaña vienen a la ciudad, o los de la ciudad pasan a la campaña) irremisiblemente ataca la fiebre. Se observa igualmente que los efectos de este accidente sobre el forastero y particularmente sobre la balsámica sangre europea, son mucho más violentos y sensibles que en las gentes del país... éstas están tan acostumbradas ya al mal, que les saluda uno muchas veces preguntando ¿cómo va? y responden (batiendo los dientes con el frío de la calentura) muy bien, solo la calentura *¡pretty well only the fever!* Una circunstancia bien rara se observa también en la historia de este país relativamente a la introducción del arroz y su siembra en él; conviene la historia en que el azar de los tiempos en el año 1729 trajo un bergantín procedente de la isla de Madagascar

3   (Sic.)

de arribo sobre la de Sullivan en su viaje hacia Inglaterra y que el capitán ofreció un pequeño saco de arroz al gobernador. De cuya simiente se propagó la planta en todo el país... y ¡con cuánta razón no merecía este benéfico introductor la memoria y aplauso de estos pueblos! ¡pero para que se vea con cuanta dificultad se destruye un habito y preocupación; hasta mucho tiempo después y esfuerzos de los hombres más sensatos no se pudo conseguir el que la cultura fuese general y el pueblo conociese la incomparable ventaja que de aquí le resultaba! A otro azar semejante debe la isla de Jamaica la introducción de la apreciable hierba de pasto que llaman *guinee grass* (pasto de guinea). Produce, además, este país, mucho maíz, algún trigo, muy buena fruta, granadas, nueces, algodón, moreras y uvas, la viña se encuentra silvestre en los montes más vírgenes y remotos con bastante abundancia, en términos de que varios sujetos han hecho vino, pero ni el jugo es a propósito, ni el clima permite el que la uva adquiera su buena sazón; varios experimentos confirman esta opinión. Entre los árboles abunda el pino que llaman *light wood* y produce excelente terpentina, brea y alquitrán de que forman un considerable ramo de comercio. El arbusto que llaman *Bayberry*, es singular por su producción, pues de una especie de frutilla redonda que produce en racimos, extraen los habitantes (haciéndole hervir en agua) suficientes cantidades de cera con que hacen velas muy buenas: su color es verde y cuando arde forma una luz muy clara y exhala cierto olor suave aromático que le hace preferible a la cera: aún la consistencia de la pasta parece más dura cera. El comercio del Estado comienza con vigor, pero aún no hay cómputos exactos; por cuya razón daremos los que con más certeza se formaron justamente antes de la revolución general.

| navíos | marineros | importación de Inglaterra | exportación de esta provincia |
| --- | --- | --- | --- |

140          1.680          £ 365.000          395.666

La población se cree montará entre blancos y gente de color
(la cual compone más de la mitad) a 225.000 individuos:
en la ciudad de Charlestown habrá como 16.000 habitantes
en todo, cuyas vidas se han visto en riesgo inminente por
varias ocasiones en el modo siguiente: el año de 1752 (entre otros) sopló un terrible huracán, de modo que el agua se
levantó 10 pies sobre la más alta marea; las embarcaciones
se desamarraron y vinieron a tierra, balandras y goletas se
hacían pedazos contra las casas en Bay Street: los habitantes
se refugiaron sobre los altos de las casas, desesperanzados de
sus vidas, cuando el viento saltando milagrosamente al oeste
hizo bajar las aguas de 5 pies en diez minutos: la casa de la
salud (o Pest House) en la isla de Sullivan, hecha de madera,
con quince personas dentro, se la llevó la mar por algunas
millas arriba del río Cooper y nueve de los quince se ahogaron. Hallándome yo aquí a principios del mes de octubre,
comenzó a representarse igual escena, pero por fortuna el
viento cambió al N. O. y solo las bajas habitaciones de las
casas situadas sobre el Southbay se inundaron: ¡al siguiente
día nos encontrábamos los conocidos en la calle y nos felicitábamos como si hubiésemos emergido de un gran riesgo...
malas chanzas por cierto!

El gobierno de este Estado, es puramente democrático, como lo son todos los de los demás Estados Unidos: Un gobernador, senado y casa de representativos, son un débil suplemento a los tres cuerpos que organizan el equilibrio admirable de la constitución británica. Los salarios de magistrados y oficiales del Estado son sumamente moderados y no creo llegarán a 3.000 £ esterlinas. Todos los gastos públicos de este Estado antes de la guerra sobre cálculo muy seguro no llegaban a £ 8.000.

Beaufort, situado sobre Port Royal Island (o la isla Port Royal) como 15 millas más arriba de la embocadura de Great River; es un lugar del mismo tamaño con poca diferencia que Georgetown y el único además que merece tal denominación en todo el Estado.

En poder del coronel Pinckney vi una lista de todos los individuos que por ley del Estado habían sido Proscriptos, o multados: 230 era el número de los primeros y cuarenta y ocho el de los segundos.

## La Mar. Pensilvania. Carolina del Sur, 2 noviembre 1783 a 16 enero 1784

El día 2 de noviembre a las diez de la mañana, di el último adiós a mis amigos de Charleston y me hice a la vela para Filadelfia en el bergantín James su capitán Benjamin Darell, en compañía de los pasajeros siguientes monsieur Macorell, negociante de Port au Prince en Santo domingo: mister Focke prusiano de nacimiento y secretario que fue de mister Van Bramme, cónsul de Holanda en la Carolina del Sur; mister Nealson, *farmer* de Jersey; su hija miss Jane, de diecisiete años de edad y muy bien parecida; y su sobrina miss Sally Singletery, de veinte, ambas muchachas alegres al estilo americano. A las seis de la tarde dimos fondo fuera de la barra de Charleston; y el 3 a las siete y media de la mañana nos hicimos a la vela, gobernando al L. N. E. A las nueve se retiró el piloto y observamos que un bergantín que se hizo a la vela con nosotros varó sobre la misma barra. El día 4, 5, 6, 7 navegamos con vientos variables del N. E. en demanda de Cape Fear. El 8 tuvimos viento fresco del S. O. y el 9 a las ocho de la noche nos hallamos sobre Cape Look Out, tan empeñados sobre los arrecifes, que por una gran casualidad escapamos. Cuando el capitán al claro de la Luna percibió el peligro y mandó virar, solo estábamos a dos cumplidos del banco de los arrecifes y la embarcación iba a vela llena echando 7 millas... ¡es uno de los peligros más inminentes en que jamás me he visto...! Finalmente después de haber corrido por encima de estos bajos como 10 millas sobre 3 y menos brazas de agua (por fortuna el viento soplaba de la costa) nos desembarazamos del riesgo y dimos mil gracias al capitán por el peligro en que su imprudencia nos metió. El 10 tuvimos viento fuerte del N. O. que aumentando más y más, vino a ser un temporal desecho que duró sin intermisión hasta el 17; obligándonos a capear casi todo este tiempo, porque el bajel no podía sufrir la vela: dos circunstancias en mi concepto nos redimieron de este segundo riesgo. Primera el que el viento soplaba de la Costa y por consecuencia nos alejaba de este escollo. Segunda la calidad y cualidad de la embarcación; pues sin embargo de que la mar y el viento nos querían comer y por confesión de los mismos marineros jamás habían visto otra semejante, ni hizo agua, ni rindió palo alguno con el balance, a las cinco de la mañana del propio día el viento se llamó al norte y el mar viniendo más apacible hicimos vela en demanda del Delaware, hasta el 19 a las ocho de la mañana que claramente descubrimos the Light House, o la casa de la linterna sobre el cabo Hinlopen, que con el cabo May forman la embocadura del Delaware. Hicimos señal inmediatamente para llamar el piloto, que a las once de la mañana estaba ya a bordo. Con viento fresco del L. S. E. seguimos montando este hermoso río, cuyas riveras son sumamente amenas y llenas de chozas y casas campestres que las hacen sumamente agradables, en particular la ribera izquierda que forma la provincia de Delaware y es terreno fértil: la opuesta que forma el Estado de West Jersey, es terreno árido y se conoce en la abundancia de pinos que le cubren, pues este árbol es el signo más positivo de un terreno arenisco y de poco meollo. A las cinco de la tarde vinimos al ancla sobre Rudy Island distante 65 millas de la embocadura del río, donde encontramos varias embarcaciones al ancla que aguardaban tiempo favorable para hacerse a la mar: Sobre la rivera opuesta a la isla en la parte de Pensilvania, hay un lugar pequeño llamado Port Penn. El 20 a las siete de la mañana nos hicimos a la vela en proseguimiento de nuestra derrota y dimos fondo a las diez a. m. (por falta de viento) en el lugar de New Castel 15 millas río arriba: los pasajeros que veníamos a bordo, excepto las mujeres, fuimos a tierra donde nos dieron un excelente almuerzo en la posada de Israel. La casa de la posada es edificada por un holandés y de data anterior a Filadelfia, como lo es también el lugar que fue el primer establecimiento europeo sobre este río. Después de almorzar dimos un paseo por el lugar, que tiene bonita situación, buenas casas y como setenta vecinos y a la una nos embarcamos, e hicimos a la vela con viento fresco del N. O. a las tres de la tarde pasamos por frente del lugar que llaman Wilmington, 6 millas más arriba sobre la rivera izquierda, situado sobre una bella hermosa colina. Diez millas más arriba está el pequeño lugar que llaman Marquisbook y cuatro más adelante sobre el propio río el de Chester que contendrá sesenta casas. Aquí había anclado un navío de sesenta y cuatro holandés llamado el Overissel y una fragata de treinta y seis que junto con otro navío igual (que se separó en el viaje y se supo después se había perdido) componían un escuadrón al mando del Comodore Rimersmar y vinieron a conducir al ministro Plenipotenciario de Holanda que desembarcó en este paraje. A las cinco y media de la tarde dimos fondo 9 millas más arriba en el paraje que llaman los primeros caballos de Frisia por haber plantado aquí unas máquinas (que tienen cierta similitud) a fin de obstruir la navegación del río en tiempo de la guerra, cuando los británicos se apoderaron de Filadelfia en el año de 1777, protegidas de un fuerte situado en la rivera de Jersey sobre el paraje que llaman Billing's Point. A las ocho de la mañana con la marea en favor nos hicimos a la vela y con sumo cuidado pasamos los segundos caballos de Frisia (pues apenas hay una abertura en el conmedio del río, para que pueda pasar un navío) que están situados 3 millas más arriba al frente de Mud Island, sobre la cual permanecen aún los restos de la fortificación que la hizo famosa por su defensa y coadyuvó a contener todo el esfuerzo de la escuadra británica, que intentaba pasar, por largo tiempo; tal vez no lo hubieran conseguido los enemigos, si algunas embarcaciones que se colocaron por el pequeño canal del oeste (que se suponía de poquísima agua) no la hubieran enfilado por la espalda. No puede dudarse que los caballos de Frisia que llaman, es una de las más sólidas y felices invenciones que pudo producirse en fortificaciones de esta especie... ¡por cuanto no sería el sublime y general ingenio del docto Franklin que produjese esta singular invención! el nuevo sistema de chimeneas en que con una tercera parte de leña, o carbón de la que comúnmente se gasta, se consigue dar más calor al cuarto o pieza.

Que se intenta calentar. El jabón famoso para afeitarse que se vende en Boston con el nombre suyo. Los conductores para preservación de los rayos, etc. con otro sinnúmero de invenciones y descubiertos menores, que aunque no tan brillantes como los de las leyes de la electricidad y otros de este jaez, son mucho más útiles al género humano, han sido productos igualmente de este grande amigo de la sociedad... Una batería sobre la costa de Jersey en el paraje que llaman Red Bank, protegía igualmente su defensa. Seis millas más arriba sobre la propia costa de Jersey, está el pequeño lugar de Gloucester: y dos más adelante Filadelfia donde llegamos a las diez del día, amarrándonos en los *Wharfs* entre multitud de embarcaciones de todas naciones que frecuentan esta ciudad hermosa, libre y comerciante. Inmediatamente (día 22) nos desembarcamos sin ceremonia alguna ni registro: las mujeres con mister Nealson se fueron por su lado y mister Marcorell, mister Focke y yo nos encaminamos a la posada llamada the Indian Queen, su patrón mister Thompson en 4th Street donde tomamos alojamiento pagando a razón de un peso fuerte por comida y alojamiento (excepto licores); seguramente debo confesar que en ninguna parte he visto más aseo, abundancia, regularidad y decencia lo cual constituye esta posada la mejor que he conocido. La ciudad es sin disputa la mayor y más hermosa de todo este continente, sus calles son regulares y cortadas en ángulos rectos, la anchura por lo general es de 50 pies y Market Street tiene 100 pies; con pavimentos de ladrillo por un lado y otro para pasar la gente de a pie, por cuya razón se hace poco uso de coches y carruajes; de distancia en distancia al frente de las casas formando postes al pavimento de la calle, hay pompas de madera, donde con la mayor comodidad y limpieza se suplen todos los habitantes del agua que necesitan.

| Boca del Delaware a Filadelfia | |
| --- | --- |
| a Redy Island... | 65" |
| a New Castel... | 15" |
| Wilmington... | 6" |
| Marques Hook... | 10" |
| Chester... | 4" |
| Billing's Point... | 9" |
| Mud Island... | 3" |
| Gloucester... | 6" |
| Filadelfia... | 2" |
| | ______120" millas. |

En la confluencia de los ríos Delawarre y Schuyl Kill está situada Filadelfia en paraje seco y dominante: nueve calles que corren de un río a otro, cortadas por diecinueve otras perpendicularmente, forman el centro: las casas son cómodas, aseadas y de buen gusto, aunque algo reducidas; tienen jardines por lo general y su arquitectura es lisa y llana como el traje y costumbres de los primeros habitantes. Tiene muchos y muy buenos muelles de madera para la facilidad del comercio, el principal se extiende a 200 pies de anchura. El mercado, la casa de asamblea (donde se juntó casi siempre el congreso para la grande obra de la independencia) el hospital, la cárcel y los cuarteles para la tropa, son principales edificios; construidos con mediana inteligencia y sin adorno ni decoración alguna; el *Beefmarket* es el mejor, más aseado y abundante que he visto en ninguna parte; las mujeres decentes suelen ir a él por la mañana y traer a casa pedazos de vaca en sus manos sin que resulte ensuciarse ni dar mal olor alguno... ¡tal es la propiedad y aseo con que todo está regulado! Las iglesias, Christ Church, Saint Peter, & Saint Paul son las mejores y su arquitectura juiciosa; el interior aseado y con algunas estufas de hierro que son de infinito auxilio en el invierno. La iglesia de los papistas es pequeña pero aseada y bien regulada: finalmente el aseo, igualdad y extensión de las calles, su iluminación por las noches y la vigilancia de las guardias establecidas en cada esquina para la seguridad buen orden y policía de la ciudad constituyen a Filadelfia una de las más agradables y bien ordenadas poblaciones del mundo. ¡Entre las curiosidades que se observan allí es la colección de Peale; ésta consiste en unos cien retratos de tal cual mérito hechos por el propio artista, de los primeros caracteres, e individuos así patricios, como extranjeros que han contribuido a la revolución de la América; cuya obra no solamente ofrece entretenimiento y gusto al pasajero curioso, e instruido; si no que da luces para la historia y forma las ideas patrióticas y virtuosas de la juventud, a quien presenta el más digno monumento que pudo erigirse a la gloria de un pueblo entero! ¡Digno ejemplo ciertamente para la imitación de todas las demás naciones que aprecian la virtud y el buen gusto!

Poco después de mi arribo estuve a ver nuestro enviado o agente don Francisco Rendón, para quien traje carta del general Cagigal: me recibió con sumo agrado y hospitalidad brindándome su casa, mesa y facultades en términos tan obligatorios, que me fue preciso aceptar lo primero y pasar a su casa, en cuya compañía he vivido todo el tiempo que estuve en Filadelfia: un genio bastante sociable, junto con la residencia de más de cuatro o cinco años en esta ciudad le ha adquirido un conocimiento casi general de todas las gentes y por este medio (junto con gran número de cartas de recomendación con que me favorecieron mis amigos de Charlestown) en poquísimos días me vi introducido y recibiendo convites y favores de las más principales gentes del país; recordaré aquí sus nombres por gratitud y reconocimiento. El general Thomas Mifftin, presidente del congreso; Robert Morris Esqr superintendente de finanzas y del departamento de marina; John Dickinson Esqr presidente del Estado; Le Chevalier Caesar Anne de la Luzerne, ministro de la corte de Francia; J. P. Van Berkel, id. de Holanda; don Francisco Rendón, agente de la corte de Madrid; monsieur de Marbois, cónsul general de Francia; William Moore Esqr ex presidente del Estado; John Penn, ex gobernador de la provincia y descendiente por línea recta del fundador; Joseph Read Esqr ex presidente del Estado; general Washington; general Saint Clair; general Ay Wayne; doctor Benjamin Rush; David Rittenhouse, secretario del Estado y genio astronómico; coronel Charles Petit; George Mead Esqr; Jacob Read y J. Beresford, miembros del congreso por Charleston; James Wilson; Jacob Jarwis; Thomas Hutchings Esqr, geógrafo general de los Estados Unidos y hombre de gran capacidad en esta línea; mister Cose; mister Ross; mister Shippin; mister Hill; mister Powel; mister Holker; doctor Vankroff; James Benezet, autor de un pequeño escrito sobre la doctrina y religión de los cuáqueros, bien escrito; mister Chew, Rr Shevet, célebre anatomista y tiene varias piezas anatómicas en su escuela o gabinete, formadas por sí mismo en pasta, que demuestran singulares conocimientos y habilidad en el arte; P. S. Du Ponceau Esqr, intérprete de las lenguas extranjeras por el Estado; es joven de muy buena disposición intelectual; aplicación y conocimiento extenso de las Lenguas vivas, que habla con singular facilidad y buen dialecto; major Moore; John Vauhan; monsieur Barriere, uno de los poquísimos franceses que he conocido en este continente capaces de discernir, en medio de sus nativas preocupaciones, las ventajas de un gobierno libre, comparativamente con cualesquiera otro despotismo;

y que sea un buen republicano monsieur Sarsnau, secretario de Rendón; don Joachin de Quintana, compañero de Valois en La Habana, que llegó aquí de Inglaterra y perdió su embarcación, carga y parte de la tripulación (entre ellos una preciosa muchacha cuáquera de dieciocho años que él traía de Inglaterra y por falta de quien le diese la mano y sacara encima de la toldilla de la embarcación donde estaban él con los que se salvaron, se ahogó en la cámara) sobre las costas de Monmouth en Jersey; es uno de los poquísimos también de mi nación que hayan penetrado el arcano maravilloso de la constitución británica y que sea buen sectario: ¡pero nunca le perdonaré el pasaje de la desdichada cuáquera! mister Governeur Morris, el ingenio agudo del lugar; y me parece que tiene más ostentación, audacia y oropel, que valor real; Chief Justice, Thomas M'Kean, juez de la suprema corte: ¡hombre de bastantes conocimientos en su profesión, pero de un carácter furbo y no muy buen corazón! ¡Chief Justice Smith, de Jersey; hombre de franco corazón y muy buenos conocimientos; posee el dibujo, música etc. y en la casa que vive mister Rutherfurd en Nueva York se ven varias piezas del gusto antiguo, dibujadas con mediano gusto y bastante conocimiento! mister William Hamilton, sujeto de amable carácter, elegante modo, generosidad y buen gusto; general Muhlenberg; Frd. A. Muhlemberg, miembro del consejo de censores y sujeto de carácter en el país; su origen alemán como lo son infinitos en este paraje, procedentes de pobres colonos holandeses, alemanes, etc. El barón de Steuben, ex inspector general del ejército americano; general Armand; general Steward; mayor Segond; mayor Du Pointy.

Mujeres miss R. Morris, llamada por antonomasia Queen Morris, en significación de su carácter vano, altivo y algo afectado; un nacimiento oscuro y sin principios de educación formal dan una sombra de posición bien desgraciada a este refinado personaje. Miss Powel, rival de la antecedente en ocupar el primer puesto en los concursos públicos, pues sus cualidades son muy diversas; sobre un nacimiento decente recibió esta muy buena educación, cuyos principios ha adelantado con progreso singular por aplicación y genio y si un tono magistral y afectación pedantesca no desgraciasen su discurso, sería la conversación más amena y agradable que pudiera desearse. Miss Penn, este carácter da no pocos celos a los dos antecedentes, pues poseyendo una moderación aparente, con mediana instrucción y modales finos, junto con ser mujer del gran cacique del país, se suele llevar las primeras atenciones en las concurrencias públicas, no sin notable mortificación de las otras ya mencionadas. Miss Jas. Allen; un modo atractivo y elegante; franco trato; generosidad, buen parecer y no poca coquetería son el carácter de esta viuda agradable. Miss Polly Vining; una sobresaliente instrucción; agudo ingenio y fluente elegante locución, hacen su trato y conversación sumamente agradable y solicitado de extranjeros y hombres de gusto, mezcla de bizarrería y voluntariedad en sus acciones, producen muchas veces un contraste casi incompatible con sus singulares conocimientos y buenas ideas. Miss Peggy Chew; graciosa, amable muchacha. Miss Sally Shippin; claro entendimiento, muy buena educación, manera elegante y un humor festivo constantemente y jovial, le hacen sumamente amabilísima; por otra parte el corazón más noble, sensible, franco y generoso, con su poco de coquetería forman el conjunto más bello que yo he conocido. Miss Moore, una forma elegante del segundo orden y conocimiento de los idiomas francés e Italiano que posee y habla medianamente, con buena dosis de coquetería hacen su trato divertido y muchas veces agradable. Miss Moore (fue m. Q.) muy bien parecida y nacida in the West Indies. Mister Crook, id. miss. id. miss Coxe, miss Molly Coxe, ambas muy bien parecidas. Miss Moll Shippin, amable bondad, the miss Bond: y miss Sitgreves: y miss Miller, cuatro individuos componentes del número de las gracias de Filadelfia, aunque sin extraordinario mérito. Miss Hicks, célebre por el pasaje ocurrido con La Case. Miss Jane, y Margaret Marshall, amables sujetos. Miss Susan, y Rebeca Morris, dos muchachas cuáqueras, cuñadas del general Mifflin; su instrucción, buen genio y sencillo elegante modo y traje, son muy particulares por cierto; y dan más favorable idea del sistema cuáquero, que los escritos de Fox, Barclay, Whitehead, etc. me favorecieron mucho con su amistad y trato. Miss Isabela Marshall, otra muchacha cuáquera, bien parecida, e instruida, habla el francés medianamente. Miss Laurence, madre de miss Jas. Allen, una matrona de majestuoso porte y sumamente bien parecida. Miss Shippin, hermana de la antecedente; mujer de muy buen juicio, agradable sociedad y excelente corazón. Mister Rush, bien parecida y sensible. Mister Vauhan y the miss Vauhan sus hijas, esta familia ha venido recientemente de Inglaterra y es una de las de más carácter de esta ciudad; su trato, instrucción y elegante modo les distingue muy particularmente. Mister Rutlege y miss Rutledge, mujer e hija del famoso gobernador J. Rutledge de Charleston; la primera es mujer de mucho respeto y buen juicio; la muchacha tiene instrucción y es medianamente bien parecida; mister Allen; miss Moore, mujer del mayor; miss Jones, sabidilla y presumida de tal; miss Footman, muy buena muchacha y de suave trato; mister Craig.

Aquí reflejaré sobre algunos caracteres que me parecen contener alguna particularidad.

¡Robert Morris, superintendente de finanzas, etc. Este me parece sin duda el oficial de más capacidad y desempeño en su línea, que los Estados Unidos han tenido durante la pasada contestación, en ningún departamento! Se dice, sin embargo, que los auxilios extraordinarios de Governeur Morris han contribuido principalmente para ello; pero solo una reflexión que me ocurre ahora, ofreceré en vindicación el mismo Morris me contó un día de sobremesa, que el año de 1761, pasando en una pequeña goleta sobre la Punta de Maisí de la isla de Cuba, un corsarito francés del muro de San Nicolás les persiguió, e hizo varar sobre la costa de Baracoa y que de este modo escaparon, dejando el barco perdido y acogiéndose con los trastos que pudieron salvar a dicho lugar: que de aquí intentaron hacer fuga a las Islas de Bahamas en un bote pescador, lo cual habiendo sido descubierto les hizo ir presos a la fortaleza donde permanecieron algún tiempo y por falta de haberes, o carácter, se vio reducido a vender la camisa quedando desnudo, para comprar naranjas (que hay allí en suma abundancia) con cuyo único alimento subsistió tres días, hasta que sabiéndolo casualmente el obispo Morel que pasaba por allí en su visita, dio mejor providencia y se les envió luego a la isla de la providencia como podemos pues concebir que un hombre en estas circunstancias hace veintidós años y que por su ingenio y habilidad solamente ha llegado a formarse una fortuna de cerca de un millón de pesos, como se asegura, le faltase capacidad para dirigir sus negocios, ¿con el auxiliar de todas las facultades que el congreso pudo darle?, ¡yo a lo menos no lo concibo...!

Le Chevalier de la Luzerne, ministro de la corte de París... hombre de lucimiento, generosidad y suave trato; pero débil y sin habilidad para su empleo —de aquí resulta que monsieur de Marbois, hecho últimamente cónsul general de su nación, es el mentor que todo lo dirige: sus talentos, ni su habilidad creo que son remarcables en ninguna especie y mucho menos en política; bien que su presunción y osadía, e ignorancia le persuaden todo lo contrario— cuando murió Miralles nuestro agente, pretendió muy lleno de seguridad y

satisfacción que la España le nombrase para esta comisión...
y cuando la paz última se rumiaba y la independencia de la
América se creía positiva, escribió una carta al ministro de
Francia persuadiéndole sería muy conveniente el que la pesca
de Terranova no se acordara a los americanos y que la guerra
continuase algún tiempo más, para que bien azotados éstos
se recordasen mejor del beneficio que debían a la Francia...
La carta fue interceptada y leída públicamente en el congreso
(bien que bajo el juramento de que ninguno de los miembros
mencionase fuera el asunto por dos años) y véase aquí como
en un día hizo el señor de Marbois, más perjuicio a los in-
tereses de su nación, ¡que bien son capaces de producir sus
servicios en cien años de vida! La intriga es su pasión dominante y el conducto por donde pretende manejar todas sus
transacciones políticas y privadas, empleando a veces bají-
simos medios para el logro de sus fines: y no negaré que si
en algún ramo posee conocimientos es en este —tampoco
le falta insinuación y astucia para tramar este género de negocios—. Otro género de personaje anda por allí (monsieur
Ottó) con carácter de secretario del ministro; sirve de bas-
tonero en los bailes que da su excelencia; anda encotillado;
juega del petimetre; y tal vez del confidente; y no creo que
sirva para mucho más. Estos son los actores principales de la
escena galicana, si excluimos al agente de España, que por
la maldita concomitancia, e ignorancia nuestra (sin embargo
de que no hay un individuo que en su corazón no la deteste)
hace él role de un subalterno, en toda la fuerza del término.

J. P. Van Berkel, ministro plenipotenciario de Holanda:
juicio, moderación, larga experiencia y suave trato, componen la parte principal del carácter de este buen hombre; y
no dudo con el tiempo, que atento la línea de conducta que
sigue y analogía grande que prevalece entre las gentes del
país (muchas de ellas venidas de Holanda) tenga más séquito

y popularidad, que el partido francés, que llaman. Dos hijos jóvenes, no muy avisados y un secretario bastante hábil (mister Taucker) forman su moderada familia.

Volviendo a la ciudad es de observarse que ni teatros, ni casas de asamblea se han construido aún, porque este género de diversiones son inconstitucionales en el sistema cuáquero; cuya persuasión ha sido predominante en el país; no obstante, que toda religión y sectas son permitidas, cuáqueros; anabaptistas; Church of England; metodistas (su modo de cantar los Salmos es sumamente agradable); presbiterianos; moravianos; luteranos; católicos; reformistas (ésta es nuevamente compuesta de aquellos cuáqueros que tomaron armas en la guerra y fueron por consecuencia expulsos de su antigua iglesia); Winchermitas (llamaremos así una doctrina flamante, que su autor Parson Winchester está ahora predicando y consiste sustancialmente en el benignísimo y racional dogma de la salvación universal), etc. todos alaban a Dios en el lenguaje y modo que les parece mejor. Una pequeña pieza se representó allí a mi llegada en un teatro reducido que últimamente se formó para el caso; pero ni los actores eran tolerables, ni el gobierno les protegió en nada; antes bien tuvieron que hacer fuga para no caer en manos del Sheriff que ya les perseguía por la ofensa: usaron sin embargo de la estratagema de tomar cada actor en la mano un cuadernillo que suponían ser la pieza que se representaba para evadir de este modo el literal sentido de la ley considerándolo como lectura y no como representación; pero como aquí no valen sofismas, lo seguro fue tomar las de Villadiego. El concurso fue numeroso, sin embargo; y no es extraño pues éstas fueron acaso las primeras piezas doctoragmáticas que se han representado en el país: el *costume* de los actores era el más miserable e indecente que he visto jamás: una circunstancia contribuyó, sin embargo, a dividir nuestra atención como espectadores y fijé, que habiendo los muchachos a fuerza de pedradas y con ayuda de algún populacho que no lo eran, forzado su entrada en el patio, solíamos ver tres escenas al mismo tiempo, una cómica sobre las tablas; otra compasiva en los aposentos, con las damas que desmayadas reclinaban su pálido pecho sobre la baranda y atletas inmediatos; y otra trágica en el patio a palos y trompadas; el concurso era tan crecido que aunque uno hubiese querido descartarse no podía salir y lo que es peor, ni aun moverse; en fin cuatro horas de Planton pagaron mi curiosidad a la primera concurrencia que me ofreció Filadelfia; y los pies se me hincharon de tal modo (con motivo sin duda de haber estado veinte días a bordo sin hacer ejercicio y también del frío que comenzaba ya) que tuve que tomar dos purgantes para el recobro. La iglesia principal de los cuáqueros (hay cuatro o seis en la ciudad) o *Quaker Meeting* que llaman, está en Market Street cerca de la casa de ciudad; su arquitectura sumamente destituida de gracia, ni adorno: muchos bancos colocados por todas partes para comodidad de la congregación; una pequeña tribuna, o galería en que se acomodan los predicadores apatentados (esto es que conocidos de la congregación por hombres piadosos e instruidos tienen patente para ello y gozan cierto grado de preeminencia en esta línea); y una división para las mujeres, todo con negligencia poco gusto y no mucho aseo, son los únicos adornos que se ven en el interior del templo: a que se añade algunas palmatorias de hoja de lata, arrimadas por las paredes y pilares, con sus velas de sebo, que dan una oscura iluminación al tiempo de celebrar servicio por la noche. Una de éstas asistí a los oficios, que comienzan a las seis y concluyen a las ocho; toda la congregación estaba sentada en los bancos, su sombrero puesto y la cabeza inclinada con el mayor silencio; en esto que se levanta el vecino que tenía a mi izquierda y en tono enfático dice a los demás, *¡my spirit*

*says that God shall not always tread upon earth!, ¡because
he is in heaven!* poco después un otro de los predicadores
principales (mi vecino se supone un principiante solamente
tomando por texto un proverbio que dice *think twice & lead
once* nos encajó un sermón de más de hora y media, en el
estilo de nuestros frailes hebdomadarios). Otra voz lúgubre
y enfática, al parecer de mujer, recitó the *Comon Prayer*, o
el Padre nuestro; y luego poniéndose todos de pie se daban
la mano con la expresión *friend* y promiscuamente salimos
todos de la iglesia hombres y mujeres, notándose que algunas
de éstas también daban la mano a los hombres llamándoles
*friend*. Nada pude observar (sin embargo, que el concurso
era numeroso) de aquellas convulsiones, o temblamientos
que se supone afectan estas gentes en la iglesia cuando se
sienten movidos del espíritu divino; ni menos otra ceremonia
que merezca el título de ridícula: ¡confieso no obstante que
me hizo armonía el que unas gentes remarcables, por su re-
ligiosidad, juicio y limpieza pusiesen tan poco cuidado en la
arquitectura, adorno y aseo de los templos!

Las diversiones de la ciudad se reducían a un baile, o
asamblea que llaman, cada quince días en City Tabern, en
un salón bastante largo, pero estrecho: los costos se reempla-
zan por una suscripción que a este fin se hace a principios del
invierno y el manejo se da a cuatro personas elegidas por los
subscriptores que dirigen todo con orden y decencia: Las damas y forasteros que llegan a la ciudad reciben luego su carta
de convite y son admitidos sin que les cueste nada; pero no
así los avecindados en la ciudad, pues si no son subscriptores
se supone que no gustan de la diversión y no se les convida:
el baile comienza a las siete y dura hasta las dos o tres de la
mañana; los que no gustan de bailar juegan a los naipes en
mesas que para el caso hay preparadas en cuartos inmediatos: entre once y doce sube toda la concurrencia a la sala del

segundo piso, donde se sirve el té, café y chocolate con bizcochos y tostadas en distintas mesas. Concluido, renueva el baile, que dura hasta que les parece y cada tino entra o sale: juega, o baila, o calla cuando le acomoda... El concierto de Bentley, que llaman, es también cada quince días y la sala en que se ejecuta no está mal adornada, entre los ejecutores se distingue la flauta de Brown, que es de mediano mérito. *The German Concert*, se ejecuta en la misma sala cada quince días formando alternación con el antecedente; los profesores son casi los mismos y así hay poca diferencia: el precio de la boleta de entrada son 10 chelines; precio sumamente alto para el país, bien que la entrada no es muy crecida. El ministro de Francia da bailes a menudo y es el único que tiene sala a propósito para ello; pues con motivo de las fiestas que dio hace dos años al nacimiento del delfín, hizo construir en el jardín pegado a la casa una pieza de madera, cuya capacidad y proporciones son combinadas con mediana inteligencia y acierto. Podrá contener de tres a cuatrocientas personas; y tiene una galería interior, que corre por los cuatro lados del paralelogramo (figura del edificio) donde los que no están bailando pueden pasearse, gozando al mismo tiempo la diversión de ver jugar a los naipes y danzar los que están en el centro: notase, sin embargo, ser ésta algo estrecha, pues las parejas que se pasean de vuelta encontrada, no tienen espacio suficiente para pasar cuando se encuentran y les es preciso ladearse. No podemos negar que el caballero se porta en todas estas funciones con dignidad y franqueza, pareciendo en el concurso como uno de tantos, sin dar la menor sujeción a nadie: le notan algunas damas sin embargo de llevar el *sens facon* al extremo, pues a veces se marcha fuera de casa a visitar favoritas, dejando todo el concurso divertido en el baile y los naipes. Da también sus bailes en el invierno nuestro Rendón, aunque no tan a menudo, ni tan lucidos, por razón de ser su sala mucho más estrecha y es, sin embargo, la mejor y más capaz de todas las otras casas de Filadelfia: su jardín es sin duda el mejor y más agradable para pasearse en el verano, que tiene la ciudad, viniendo a ser el resorte de las primeras gentes, en las tardes y noches de verano. Varios sujetos de gusto me informaron, que una función dada aquí por Rendón en el verano (con motivo creo del nacimiento del delfín) fue la más elegante y agradable en su especie, que ellos habían visto en Filadelfia: su porte y su trato son decentes en sus circunstancias y le hacen ciertamente digno de haber tenido mejor educación y más conocimientos. Mister R. Morris y mister James Allen, suelen también dar sus funciones por las noches, reducidas a baile y juego de naipes, que llaman *Private Partys* y son sumamente agradables; la compañía es escogida, las gentes conocidas y por consecuencia hay más confianza y satisfacción. En los de mister Allen se nota, además, cierta franqueza y agasajo que inspira su elegante modo y tono afable conque se maneja en su casa y realmente realzan y distinguen su carácter de todos los demás. Mister John Penn, tiene concierto privado en su casa una vez en la semana, a que concurren los mejores profesores que suelen hallarse en la ciudad. La sala es pequeña y así también por necesidad la orquesta y compañía. Éstas son todas las diversiones que había en Filadelfia durante mi residencia allí; las cuales indican suficientemente que sus habitantes aman y cultivan la sociedad, siendo el baile su diversión favorita. En casa de entrenador Allen he visto madre (mister Lawrence), hija (mister Allen) y dos nietas (the miss Allen), bailando a la par en la misma contradanza: y sujetos que rebasan de los cincuenta, se ven comúnmente danzando contradanzas hasta el día, con muchachas de quince. Quéjanse los forasteros sin embargo de que las gentes aquí son hurañas y no muy hospitables; yo solo he observado cierta reserva y encogimiento al principio de su trato (particularmente en las mujeres) que es característico del sistema americano; y tiene su origen tal vez, en no ser introducidos desde los primeros años al trato general de las gentes, ni frecuentan después las concurrencias públicas, en que el contraste y variedad de modos y costumbres, ensanchan las ideas y forman en nosotros un trato liberal, franco y generoso; cualidad a veces mucho más apreciable en la sociedad, que las que dimanan de la riqueza y vastos conocimientos. De este mismo defecto, suelen, sin embargo, muchos individuos derivar otras ventajas en su instrucción, particularmente las mujeres; pues segregadas de la sociedad general de las gentes, se entregan a la lectura y cultivo del entendimiento y si por fortuna aciertan a encontrar quien les dirija bien, hacen progresos singulares. Miss Vining, mister Powel, miss S. Shippin, miss Moore, miss Molly Coxe, miss P. Chew; y las cuáqueras miss Susan y Rebeca Morris, miss Isabel Marshall y otras, son testimonios incontestables. Entre los hombres de letras se distinguen mister Rittenhouse, cuyos adelantos en la astronomía y en la máquina de Orrery le han hecho famoso; doctor Rush, profesor de física en el colegio de la ciudad; president Dickinson, autor del papel periódico intitulado *The Filadelfia Farmer*; reverendo doctor Smith, director del Colegio de Princeton en Jersey; John Armstrong junior, autor de dos papeles dirigidos al ejército americano sobre media paga y conmutación, dignos de Junius; mister Governeur Morris; reverendo doctor While, el mejor orador que había en el púlpito; mister Du Ponceau, edecán que fue del barón Steuben y secretario en el oficio del departamento de los negocios extranjeros, etc. Los hombres están inmergidos casi siempre en sus negocios mercantiles y en la intriga política; cuyo espíritu prevalece aquí más que en otra parte alguna de esta América, sembrado y cultivado con esmero por la Francia.

El 8 de diciembre entró en Filadelfia el general Washington de paso para el congreso, que se hallaba congregado en Anápolis, a fin de hacer su dimisión en toda forma, habiendo ya tomado posesión de Nueva York y desbandado el ejército, etc. La entrada fue a las doce del día, en compañía del ministro de Francia y sus dos edecanes coronel Humphrys y coronel Benjamin Walker, que venían con él desde Nueva York; el presidente Dickinson, mister R. Morris y algunos otros oficiales americanos que se hallaban a este tiempo en Filadelfia; y una Compañía de milicias de Caballería, que salieron a distancia de 4, o 6 millas a recibirle. ¡Niños, hombres y mujeres expresaban tal contento y satisfacción como si el Redentor hubiese entrado en Jerusalén! Tales son las nimias ideas y sublime concepto que este hombre afortunado y singular logra en todo el continente... bien que no faltan filósofos que le examinen a la luz de la razón y conciban más justa idea, que la que el alto y bajo vulgo se tiene imaginada y es cosa bien singular por cierto, que habiendo tanto personaje ilustre en América, que por su virtud y talentos han formado la grande y complicada obra de esta independencia; nadie tiene un aplauso general, ni la popularidad que este jefe; o por mejor decir nadie la posee sino él. Así como los rayos del Sol reflejando sobre el uxtorio se concentran en el foco y producen un efecto tan admirable en la física: ¡así igualmente las producciones y hechos de tantos individuos en América reflejan sobre la independencia y concentran como en el foco, en Washington! usurpación tan caprichosa, como injusta. Al siguiente día estuve a visitarle en compañía de Rendón y entregué una carta que traía de recomendación del general Cagigal: debíle en consecuencia bastante agasajo y tuve el gusto de comer en su compañía todo el tiempo que estuvo esta ocasión en Filadelfia; su trato es circunspecto, taciturno y poco expresivo; bien que un modo suave y gran moderación le hacen soportable... nunca conseguí verle deponer estas cualidades, sin embargo de que el vaso corría con humor y alegría por sobre mesa y que al beber ciertos tostes (o saludes) se ponía de pie y daba sus tres *Cheers* como todos nosotros. En este supuesto, no es fácil formar concepto fijo de su carácter y así suspenderá el juicio por ahora, ínterin la casualidad, o el tiempo ministra mejores fundamentos para ello.

A fines de diciembre ya comenzó a caer tanta nieve, que en las calles de la ciudad y caminos circunvecinos había más de 2 pies en la superficie; con cuya circunstancia toda la carruagería se altera y en lugar de la rueda se usa el patín; llamole así, porque el efecto del *Sledges* sobre la nieve y el hielo no es otro que el que resulta cuando una persona corre sobre patines. En el campo, en la ciudad y por todas partes no se ven más que *Sledges*; y van con una velocidad tan grande que a veces parece imposible puedan los caballos resistir. Toda la máquina es de madera, construida bastante ligeramente y los pies que forman exactamente la figura de los patines, están forrados con una plancha de hierro delgada; de modo que estando el camino igual y batido ya por algunos carruajes que hayan pasado primero, el *Sledge* se resbala por encima de la nieve y el caballo casi no arrastra peso alguno, pues la repetición continua de pequeños rempujones es lo que basta para conservar siempre el movimiento. Dos caballos (que es lo que comúnmente se pone) suelen arrastrar seis, u ocho personas con la mayor facilidad del mundo, a razón de 19 millas por hora. Con esta circunstancia pues y deseoso de probar esta favorita diversión del país, dispuse ir a visitar a mi amiga Q, a miss P. Vining, que se retiró por la Pascua a Wilmington sobre el Delaware, donde reside comúnmente en compañía de su madre y hermano mister John Vining, joven de unos veinticuatro años. Ejerce este la abogacía y no le falta ingenio y agudeza. En compañía de este; el capitán Hoops, oficial del ejército continental; mister Hamilton joven comerciante inglés; y mister Cornet Taylor, oficial de las guardias de a caballo de S. M. británica; salimos de Filadelfia en dos *Sledges* a la una del día. A las dos y media llega al lugar de Chester distante 14 millas y media, comimos muy bien en la posada que llaman el general Washington. A las tres y media, seguimos nuestra jornada y a las cinco de la tarde estaban en Wilmington 12 millas y media más adelante, distante 27 de Filadelfia.

| a Schuty Kill | "2 |
| --- | --- |
| Darby | 31/2 |
| Chester | 9 |
| Wilmington | 121/2 |
| | ———— |
| | "27 millas |

Todos tuvimos hospedaje en casa de mister Vining, donde nos trataron con el mayor agasajo y generosidad posible... Al siguiente día hubo baile de asamblea y como forasteros fuimos todos convidados a él: mister Taylor, mister Brown comerciante inglés que también se hallaba de visita en la casa de miss Vining y yo (porque los demás compañeros se marcharon para diversas partes al otro día) acompañamos a miss P. Vining que en obsequio nuestro asistió a esta concurrencia. Hubo de particular el ser ésta la primera diversión de la especie que jamás había ávido en el lugar, pues siendo cuáquero el establecimiento, nunca se había pensado en bailar; pero con la revolución en el gobierno, las costumbres como hijas legítimas manifiestan la alteración inmediatamente. La concurrencia aunque pequeña y en una sala muy reducida, fue decente y agradable (aquí es donde por la primera vez vi damas y hombres cuáqueros mezclados en este género de diversiones, bien que no bailaban ellos mismos). Tuvimos muy buena cena, compuesta de té, café, chocolate, lenguas fiambres, jamón, vinos etc. y duraron las contradanzas y cotillones hasta las tres de la mañana en que la mayor parte de las gentes se retiraron. Allí tuve el gusto de conocer a mister Beresford Atorney general, doctor White célebre médico y hombre de juicio y conocimientos —algunos oficiales de menor graduación del ejército americano— y a William Geddes Esqr, sujeto de respecto en el lugar, para quien traje cartas de recomendación del gobernador de Charleston, mister Guerard. Tuve el gusto de conocer igualmente y tratar después, al capitán de ingenieros mister Rutherfurd en servicio de su majestad británica, quien se había hallado en el sitio de Gibraltar desde muy a los principios hasta su conclusión; con este motivo creció en ambos el deseo y curiosidad de instruirnos cumplidamente en varios hechos y acontecimientos ocurridos durante esta famosa y dilatada escena militar; comunicamos nuestras observaciones, comparándolas con atención y exactitud y puedo asegurar recibí singular complacencia, e instrucción al de Filadelfia a Wilmington ver confirmadas por las suyas, mis principales ideas relativas a este sitio extraordinario y singularmente en el ramo de artillería, que parece es su estudio favorito y en que realmente manifiesta más conocimientos comparativamente. Él detuvo su marcha por dos o tres días, con este motivo; cuyo tiempo lo pasamos en las citadas conferencias y en visitar y reconocer los puestos que los británicos ocuparon y fortificaron a las inmediaciones de este lugar, cuando tomaron posesión del país, en consecuencia de la derrota en Brandwine; diome, además, noticias de varios amigos y conocidos que dejé yo en Gibraltar el año de 1775-1776. Cuando estuve allí tres meses con fin de ver la plaza, su guarnición y las tropas hannoverianas que llegaron para el relevo de una parte de las británicas; liamos buena amistad y se marchó para Wilmington en la Carolina del Norte donde tenía una hacienda que le pertenecía, habiéndose el retirado a Europa en los principios de esta revolución para formar su educación y después continuado en calidad de oficial el sitio de Gibraltar; por cuya razón su propiedad no había sido confiscada aún. Yo me aproveche también de la ventaja de la buena compañía, e inmediación para ver el sitio de la famosa batalla de Brandwine. Efectivamente tomamos nuestros caballos después de almorzar y en compañía de mister Geddes y dos oficiales americanos que se hallaron en la acción, nos fuimos a ver esta posición tan decantada que distará como 12 millas. A las doce del día llegamos al paraje y con la mayor atención lo examinamos todo, observando muy particularmente la posición y movimientos de ambos ejércitos... pero ni yo entiendo ¿por qué Washington se expuso a un riesgo tan evidente? ¿Por qué el general Howe no vadeó el río por Chads Ford y le atacó inmediata con todo su ejército? ¿Por qué Cornwalis marcha 10 millas a Trimbles y Jeffery's Ford, teniendo que desandar otras tantas para dar con el enemigo, dejando todo este tiempo expuesto el flanco izquierdo de su ejército; cuando con haber andado tres o cuatro, pudo haber ejecutado el mismo movimiento? ¿Ni por qué finalmente se permite que el ejército americano que enteramente quedó derrotado a las ocho de la noche, se reúna y forme otra vez al día siguiente y el inmediato en Chester, Filadelfia, etc.? Yo seguramente no lo entiendo, ni puedo penetrar las razones que para ello tuviesen estos caudillos. A las tres de la tarde nos volvimos por otro camino un poco más cerca y a las cinco llegamos a Wilmington... Por la noche tuvimos nuestra partida de cartas al *comét*, en la agradable compañía de miss Vining, que nos divirtió infinitamente con su inagotable genio y agudeza. Al siguiente día temprano nos dispusimos para emprender nuestra vuelta a Filadelfia mister Taylor y yo; tomamos en consecuencia nuestros caballos a las ocho de la mañana, con la idea de detenernos a almorzar en casa de mister Geddes que vive sobre el propio camino de Filadelfia, a distancia de un cuarto de legua a la salida del lugar; pero el frío era tan intenso (la primera vez en mi vida que me he visto en conflicto de la especie) que tuvimos que meter piernas a los caballos y cuando llegamos en casa de mister Geddes (estaríamos como diez minutos solamente expuestos al aire) sin embargo, ni teníamos sensibilidad en pies, manos, orejas, narices, etc., ni podíamos apearnos del caballo. Un buen fuego y excelente almuerzo nos restituyó pronto nuestra sensación y resolvimos desde luego no abandonar la posada ínterin el tiempo continuase tan severo. El agrado, buen trato y hospitalidad de mister Geddes nos hizo con tanto más gusto adoptar este plan; pero habiendo moderado infinito el tiempo a eso de las dos de la tarde, resolvimos volvernos a Wilmington después de comer, aunque no a caballo; pues así como Sancho cuando fue manteado en la venta, le cobró tal ojeriza que ni aún quería verla después cuando se le ofreció pasar por allí; ¡así también a nosotros con el manteado que el frío nos pegó sobre nuestros rocinantes...! y así nos valimos del Faetón de mister Geddes que iba al lugar en busca de los chicos que estaban a la escuela, en el cual y bien cubiertos con mantas de lana nos aventuramos justamente como gato escaldado... Al siguiente día fue muy frío también, por lo cual diferimos nuestra jornada para el siguiente, en que más moderado el tiempo, con el auxilio del Faetón de mister Vining y medias de lana por encima de las botas, dobles guantes y dobles cabriolees de bayeta, mantas, etc. emprendimos segunda vez nuestro viaje. A las siete de la noche llegamos a Chester y protexto que no con poca satisfacción, pues al ponerse el Sol comenzó el frío a apretar de tal manera, que ninguno de nosotros podíamos tener las riendas en la mano por más de diez minutos sin sufrir pena infinita en los dedos y vernos precisados a alternar a cada instante. Finalmente buen té, buena cena, buena cama y una sirviente robusta y no mal parecida repararon pronto estos perjuicios. Por la mañana temprano tomamos nuestro almuerzo, muy bien servido y con mucho aseo por cierto y nos fuimos a dar un paseo por el lugar que contendrá como unas ochenta casas, pequeñas y pobres en lo general. Arrimado a los *Wharfs* que hay sobre el río, estaban amarradas algunas embarcaciones que con el frío se hallaban embutidas en una masa de hielo que casi cubría toda la superficie del agua; la curiosidad nos indujo a pasearnos por encima y aquí fue donde por la primera vez tuve el gusto de observar este fenómeno de la naturaleza. Luego tomamos nuestro Faetón y por el mismo camino que vinimos cubierto aún todo de nieve nos volvimos a Filadelfia. Poco antes de llegar al Schuylkill sobre una altura muy bien elegida, está situada la casa de campo de William Halminton Esqr de muy buen gusto y sana arquitectura. A las doce del día llegamos a pasar el puente de madera que está sobre el Schuylkill y encontrándolo roto con el peso del hielo que se había formado sobre sus aguas y que solo una barca servía para ir pasando por un canal estrechísimo que habían cortado en el hielo, los innumerables carros que allí estaban detenidos; dejamos nuestro carruaje y caballos para que pasase cuando les tocara su turno y nosotros andando nos fuimos a Filadelfia donde llegamos a la una del día. Las calles aún estaban todas cubiertas de nieve y sus habitantes gozando de su diversión favorita de pasearse, o correr por mejor decir en sus *Sledges*.

Los productos principales del país son trigo en muchísima abundancia y muy buena calidad, maíz, cebada, cáñamo y madera para construcción de navío; bien que se observa que en proporción de que el país se aproxima a los trópicos, la calidad es más pesada y no tan sólida como la del norte. Mucha y muy buena fruta, entre la cual se distingue la manzana que llaman *Pippin Apple* por su gusto y suave comer vegetales son igualmente abundantes y en una palabra nada puede decirse que falta en el mercado de Filadelfia, sino pescado, que aunque a la verdad no falta absolutamente, es poco y no de la mejor cualidad; pero el Beff & Butter exceden cualesquiera otro de los que yo he conocido en estos países. El comercio y tráfico que hay en la ciudad, es considerable, lo cual produce un tan crecido número de carros en las calles, que a no ser tan anchas, creo que resultaría confusión y, embarazo... Esto demuestra al mismo tiempo, que el comercio interior del país necesita conducirse por caminos y no logra la comodidad y ventajas del transporte por agua. La población de este Estado se computa a 350.000 habitantes; y la de la ciudad en particular a 30.000: sus exportaciones, e importación en todo, montan según los cálculos más exactos formados hasta que dio principio la revolución pasada, al cómputo siguiente.

| | Navíos | Marineros | Importación de Inglaterra | Exportación a Inglaterra |
|---|---|---|---|---|
| Pensilvania: | 35 | 390 | £ 61.100 | 705.500 |

Los gastos y expensas de esta provincia antes de la citada revolución, solo llegaban a £ 4.500, cuya circunstancia solamente indica el feliz gobierno y sabio sistema, que solo pudo producir tan admirables y florecientes establecimientos. La lista civil que llaman, está ahora en el pie siguiente.

|  | pesos fuertes |
| --- | --- |
| presidente... | " 4.000 |
| juez Chief Justice... | 2.000 |
| dos id Puisne (cada uno 150 ps)... | 3.000 |
| delegados al Congreso (de 3 a 6 ps diarios, cada uno: esto varía cada año y comúnmente mantienen dos delegados).. | 3.650 |
| senadores (10 chelines por día)... | 495 |
| Billing's Point | 9" |
| Mud Island | 3" |
| Gloucester | 6" |
| total | 13.145 |

Los demás oficiales tienen su sueldo en los gajes y derechos que le pertenecen.

De vuelta ya de Wilmington y habiendo visto en esta ciudad cuanto sus edificios, policía, comercio y gobierno ofrecen a la observación pública, con algún escrutinio en el carácter de los principales habitantes y sujetos de carácter, resolví proseguir mi viaje hacia Nueva York. A esto contribuyó igualmente el que fue ministro de Francia y sobre todo el badulaque *Marbois*, de resulta de algunas conversaciones que sobre mesa y en casuales reencuentros tuvimos, se alarmaron de tal modo, viendo que sus tramas y enredos políti-

cos no me eran ocultos y que asimismo los falsos dogmas que
tenían imbuidos en la generalidad de las gentes, relativamente a la expedición de la Jamaica y vergonzoso proceder de
la España en todas las operaciones de la última guerra (ésta
es su doctrina favorita y la máxima que con mayor ardor
procuran inculcar en el espíritu de los americanos) se iban
ahora a revelar por mí, en notable detrimento de su pomposo
carácter, e influjo; que comenzaron a armar mil chismes y
tramas secretas para buscar el modo de inducirme a dejarles
cacarear en su gallinero y proseguir mis viajes a otra parte.
Rendón aturdiose el pobre y no sabía que hacerse en circunstancias semejantes; pero yo luego penetré todo el misterio y
me impuse en todas sus circunstancias, informele de todo lo
que yo concebía relativamente a él, etc. y de lo que él no sabía
respecto de mí, el general Cagigal, etc. propusele el medio
de que me escribiese una carta en respuesta a otra que yo le
dirigiría explicando la materia por extenso a fin de que el se
pusiese a cubierto por ambas partes, como se ve al número
y yo abandoné al desprecio estos émulos galo-políticos, sin
tomarme la satisfacción de combatirlos, ni darles la gloria de
huirlos: y mi amigo Rendón safó de un paso peligrosísimo,
dándome mil gracias por todo; cuya circunstancia fue a la
verdad el motivo principal que me indujo a adaptar este medio. ¡Despedime pues de todos mis amigos y conocidos, que
con tiernas expresiones de amistad y agasajo promovieron
en mí las más vivas inquietudes, o agradables repugnantes
sensaciones de la ausencia!

Camino a Nueva York, 16 enero 1784

El 16 a las tres y media de la mañana partimos para Nueva York en el *Stage* que llaman. Este es un coche que sale periódicamente casi todos los días de la semana y en que los pasajeros logran la ventaja de la prontitud en el viajar igualmente que la baratéz y comodidad de llevar el bagaje consigo mismo; el precio de Filadelfia a Nueva York es 3 pesos fuertes por cada individuo y uno por cada quintal de peso en el bagaje; por cuya razón todas las gentes principales del país, viajan por lo general en estos carruajes... con motivo de estar todo el país cubierto de nieve sobre más de 2 pies de espesor y hacer un frío extraordinario, el *Stage* estaba plantado sobre patines en lugar de ruedas, formando un gran *Sledge* cubierto con lona pintada para el abrigo; los pasajeros éramos diez, dos cocheros y un equipaje que desde luego pesaría doce quintales; todo este peso iba sobre un solo *Sledge* tirado por cuatro caballos que corrían a 9 y 10 millas por hora; y a no ser por el excesivo frío que muchas veces nos obligaba a detenernos en las casas públicas que a cada paso se encuentran sobre el camino, con el fin de calentarnos los pies y manos que se entumecían y nos dolían bastantemente (sin embargo de traer dos pares de guantes y escarpines de bayeta sobre las botas y medias), hubiéramos concluido muy pronto la jornada. A las siete de la mañana llagamos muertos de frío al lugar de Bristol, muy bien situado sobre el río Delaware, en la rivera opuesta, o por mejor decir enfrente de Burlington capital del Estado de Jersey, 1 o 2 millas de distancia; en una muy buena posada que aquí hay, nos dieron de almorzar; con lo cual y habernos calentado como una hora al fuego, nos sentimos ya en mucho mejor disposición para continuar nuestro viaje. Yo me fui a dar un paseo por el lugar después de almorzar en compañía del doctor Craiggie, uno de los pasajeros, que me pareció hombre de forma, modo, e instrucción; y a eso de las nueve del día partimos otra vez. La mañana estaba clara y hermosa, pero el frío era tan intenso que no nos permitía sacar la cabeza por las ventanas del *Sledge* para ver con gusto la campaña y de cuando en cuando obligaba a detenernos para meter en calor los pies y manos que nos aquejaban medianamente. A las diez pasamos sobre el Delaware que estaba enteramente helado, enfrente de Trenton, por el mismo paraje según nos informaron, que el general Washington lo pasó, cuando en la víspera de Navidad del año 1776: sorprendió e hizo prisionera la brigada de Heseses que a las órdenes del coronel alemán Rall estaba acantonada en este lugar, guarneciendo uno de los más importantes puestos del acantonamiento del ejército británico; y a las doce llegamos a Princeton, donde nos dieron muy bien de comer, en una tolerable posada. Este lugar está situado muy bien y reúne las ventajas de saludable y alegre: hay en él un colegio muy bien reglado para la educación de la juventud, cuyas ventajas y frutos son bien conocidos en toda esta América, el presidente principal doctor Witherspoon está ahora en Inglaterra; se ve aquí igualmente una *Oreirry*, perfeccionada por el célebre Rittenhouse, que aunque desordenada actualmente se conoce ser obra de sumo ingenio. Después de comer y tomar un paseo por el lugar con el compañero doctor Craiggie, seguimos nuestra jornada, pasando por los lugares de Brunswick (que está situado sobre el río Rariton) Woodbridge y Elizabeth Town donde llegamos a las siete de la noche muertos de frío: mucho me alegré a la verdad de haber llegado a este lugar donde debíamos pasar la noche, pues además de que el frío nos afligía demasiado, algunos de los pasajeros que más gustaron la botella al tiempo de comer, se pusieron de tal humor, que no se les podía ya aguantar y hubo abuso de palabras a no poder más, temiendo por instantes que viniesen a las manos: en fin una buena cena, mejor compañía y cómodo alojamiento repararan el disgusto y cansancio que traíamos. Al siguiente día a las ocho de la mañana tomamos nuestro almuerzo y habiendo dado un paseo por todo el lugar con mi amigo el doctor. Seguimos nuestra ruta en el *Sledge*, pasando ciénegas, ríos y cuanta agua encontramos desde que salimos de Filadelfia, por encima del hielo; cuya circunstancia no deja de ser bien peligrosa, pues si por casualidad se rompiese el hielo, como muchas veces sucede por aquellos parajes en que el viento se introduce y llaman Gin Holls, es indefectible el ahogarse caballos y cuanta gente vaya en el carruaje; por lo cual todos los pasajeros se echan a pie en semejantes ocasiones y marchan a pie detrás del *Sledge*, seguros de que si el peso mayor no le rompe, mucho menos por consecuencia el menor; tal es, sin embargo, el frío, que muchos se quedan por no abandonar el abrigo (y yo fui uno de ellos) dentro del *Sledge* y suceden varias desgracias por esta razón casi todos los años. A las once llegamos al ferry o barca, que llaman Paulus Hook sobre el North River en la rivera de Jersey, enfrente justamente de Nueva York a distancia de una milla que será la anchura del río por este paraje. Aquí hay un muy buen puesto de fortificación construido por los británicos en la última guerra y seguramente merece particular atención en su especie, tanto por la situación ventajosa en que está construido, cuanto por el buen juicio, inteligencia y sabio modo con que el arte dispuso sus defensas... fue, sin embargo, sorprendido y tomado por el famoso oficial americano coronel Lee, que después de haberse posesionado de él y clavado parte de su artillería tuvo que retirarse. A las tres de la tarde que permitió el hielo flotante del río el pase de la barca nos embarcamos y en un cuarto de hora estábamos en la orilla opuesta, habiendo tenido la felicidad de no ser arrastrados por las tortas, o masas de hielo flotante que corrían sobre la superficie del río y habían ocasionado varias desgracias los días antecedentes ya sumergiendo, o haciendo varar en parajes muy peligrosos, las embarcaciones que se aventuraban a esta navegación. Por dirección del doctor Craiggie tomé alojamiento en la posada secreta de miss Mary Turner en Water Street pagando 8 pesos por mí y 3 por mi criado a la semana.

New Jersey se divide principalmente en East Jersey y West Jersey; la capital de la primera es Amboy, la de la segunda Borlington, donde alternativamente se juntan las asambleas. La superficie y cultura del país es tan amena y agradable, que comúnmente se le llama el Jardín de la América: por todas partes se ven correr arroyuelos y fuentes de aguas cristalinas, que conducidas con mano industriosa, por las faldas de las suaves lomas y colinas que hermosean la superficie del terreno, fertilizan la tierra y forman una serie de perspectivas las más agradables por todo el país en general; las quebradas están cubiertas de bosques frondosos preservados con inteligencia y cuidado para mil usos utilísimos, los cuales producen a la vista la variedad y contraste más hermoso con los trigos, cáñamos y otras siembras de los campos circunvecinos; abrigando al mismo tiempo una cantidad prodigiosa de pájaros de canto, que se acogen a su sombra y frescura en el verano y no añaden poco realce con su melodía a esta hermosa escena rural. La salubridad del país, es un otro de los más importantes y mayores vienes que goza New Jersey; la complexión y robustez de sus habitantes, el crecido número de niños que se ve por todas partes y la población y agricultura del país sobre todo, pues apenas se descubre un rincón, o quebrada donde no haya plantada una casa, son pruebas convincentes de esta verdad: yo puedo asegurar con la misma, que en todo lo que he visto y viajado por este país (que no es una pequeña parte) jamás encontré un individuo que demostrase estar desnudo, hambriento, enfermo, u ocioso: ni tampoco he visto parte otra alguna en que el pueblo en general parezca más feliz y sobre una misma igualdad, que aquí.

| Desde Filadelfia a | 43 |
|---|---|
| Frankford ... | 5 |
| Brunswick ... | 17 1/2 |
| insignia del Washington ... | 5 |
| Woodbridge ... | 9 1/2 |
| Bristol ... | 10 |
| Elizabeth Town ... | 10 |
| Trenton ... | 10 |
| Newark ... | 6 |
| Princeton ... | 13 |
| Paulus Hook ... | 8 |
| Nueva York ... | 1 |
| | 43 |
| | 95" millas |

El territorio a lo que se ve, está dividido por lo general en pequeñas porciones que llaman *Farms*, de que resulta que la tierra está mucho más bien cultivada y el número de casas es mucho mayor; bien que no de suntuosa apariencia como en otros países (La Habana y South Carolina supongamos) pero sí de una comodidad rural y feliz: entre estos habitantes, se percibe un crecido número de familias alemanas y holandesas de origen, cuyo idioma y costumbres originarias ya casi no se perciben; el comer a las once, o doce del día solo está aún en pie. El terreno más bien puede llamarse indiferente que bueno y sobre las costas del mar es sumamente pobre y arenisco; pero la circunstancia (como llevamos observado) de estar regado por todas partes, en las manos de un pueblo industrioso y sobre todo bajo el influjo de un gobierno libre, le hacen prosperar a pesar de todos estos inconvenientes. Sus producciones principales son trigo y también toda especie de granos; variedad de frutas excelentes; vegetales; buenas maderas; y abundancia de ganados (el vacuno es pequeño en su tamaño); como igualmente algunas minas de hierro y cobre que en otros tiempos se han trabajado con utilidad y ventaja. El comercio lo han hecho hasta ahora por medio de Nueva York y Filadelfia, por cuya razón no ha podido prosperar aún: en el día piensan establecerle en Amboy, admitiendo los consejos que les da el sabio Abée Rainal y no dudo lo consigan en breve tiempo. La población del país es según unos 100.000 y según otros 150.000 habitantes; el medio proporcional será tal vez más conforme al número verdadero. ¡Una tolerancia general forma la base de su gobierno en el ramo espiritual; cada uno es dueño de rogar, o alabar a Dios en la forma y lenguaje que le dicte su conciencia! ¡No hay religión o secta dominante, todas son buenas, e iguales! ¡Así reinase el mismo dogma y liberales principios en lo político!

Los gastos civiles de esta provincia bajo el dominio británico ascendían a 1.200 libras esterlinas: Los presentes con poca diferencia, son como sigue.

| | |
|---|---|
| the Governor salary ... | £ 550 or 1.466 1/3 dolars |
| -------perquisits -... | 400 |
| Chief Justice ... | 350 |
| other judges ... | 300 and 250 |
| The Treasurer ... | 150 |
| Atorney general ... | 30 |

there is 13 countis which annually chuse 1. counsellor and 3 Assembly-men, their wages is two dolars a day (formerli 6.)


El gobernador actual es his Excell: William Liwingston Esqr, se elige anualmente y puede ser reelegido indefinidamente.

Véase la memoria que recibí de mister Rutherfurd, hacendado en dicho Estado y hombre de juicio, veracidad observación y conocimientos.

# Ciudad de Nueva York, 17 enero 1784

Descansando de la fatiga del viaje y habiendo formado algunos conocimientos en Nueva York, pensé inmediatamente pasar a Boston con el fin de hacer una visita al país y volverme inmediatamente a Nueva York, para desde aquí embarcarme para Inglaterra; pero lo duro del invierno me detuvo suspenso algún tiempo, obstruyendo enteramente la navegación y los caminos aunque cubiertos de nieve, se ponían intransitables con las frecuentes *Thaws*, de modo que ni *Sledge*, ni ruedas podían intentarlo; así determiné aguardar aquí hasta que el tiempo mejorase. Con esta idea cambié a mejor alojamiento en Maiden Lane número 19, casa de mister Elsworth excelente posada secreta, pagando 7 pesos fuertes a la semana (fuera de fuego y licores) por mi persona; pues el criado que conmigo traje de Filadelfia se me huyó pocos días después de mi arribo; le había comprado a bordo de una embarcación Irlandesa, que trajo una cargazón de más de 300 esclavos entre mujeres y hombres, por el precio de 10 guineas en Filadelfia obligado a servirme dos años y medio; era nacido en Escocia y tendría dieciséis años de edad, su nombre John Dean, pareciome honesto y sin malicia, pero el sujeto probó lo contrario. Una salida hacia Kingsbridge sobre la isla de Nueva York, fue mi primera incursión en el país este, con ánimo de ver las fortificaciones que allí hay y hacer al mismo tiempo una visita a mi amigo el coronel Lewis Morris, que con su madame vivía en una casa de campo llamada Courtland's House donde residen sus padres y familia. A las nueve de la mañana salí de Nueva York en el Faetón de mister don Parker, que fue tan atento y obsequioso conmigo, que sin haber motivo de particular amistad, me brindó con carruaje, criados y caballos, en un modo tan obligatorio y sincero, que hube de admitir la oferta; a las once llegué a dichas fortificaciones que están situadas sobre dos alturas bastante difíciles de acceso llamadas, la que está sobre la izquierda y cae al North River Lan Hill y la de la derecha que cae sobre el East River Laurel Hill; en la primera está el fuerte Washington (llamado después Knyphausen, en honor del general hannoveriano que lo tomó de los americanos con una guarnición de 3.000 hombres) y en la segunda el fuerte George construido enteramente por los británicos; el pasaje por en medio de estas dos pequeñas montañas, es sumamente estrecho y expuesto a un fuego inmenso de las alturas; a que se añade haber cerrado el paso enteramente por medio de unas líneas muy bien y muy sabiamente construidas, que corren desde un fuerte al otro y apoyan sobre los dos ríos ya mencionados; distan 12 millas de Nueva York y no pude examinarlas con despacio porque el frío era excesivo. Tres millas más adelante está Kingsbridge, un puentezuelo de madera sobre Harlem River, o Spiking Devil como vulgarmente le llaman, a un pequeño brazo del North River que corre por esta quiebra y forma la isla de Nueva York abriendo comunicación por este paraje con la *Sonda* o East River que llaman. Andando 2 millas más adelante llegamos a la mencionada casa de Courtland, donde encontré a mi amigo el coronel, que se alegró infinito de verme (nuestra amistad se formó en Charleston South Carolina) en cuya compañía, la de su mujer mister Morris, miss Morris su hermana y dos hermanos jóvenes el uno alférez de artillería en el servicio de la América y el otro comerciante, pasamos el resto del día sumamente agradable; al siguiente intenté huir a ver White Plaines, pero no fue posible tanto por el excesivo frío, como por la mucha nieve que cayó la noche antecedente obligándonos a no desamparar el fuego en todo el día. Al otro quise volverme a Nueva York, pero no fue posible a causa de un Snow Storme, que cubrió de nieve todos los caminos por más de 3 pies de espesor. La mañana del inmediato fue serena y emprendí mi vuelta para la ciudad; con sumo trabajo, pues los caminos aún no estaban batidos y había mucha nieve, llegué a una taberna que está en unas casas que hay a las inmediaciones de las mencionadas fortificaciones de Laurel Hill, donde bebimos un vaso de vino, se dio un pienso a los caballos y yo en el ínterin emprendí con el auxilio de un cazador que allí se apareció, vecino del rededor y que conocía todo el terreno por haber sido tomado prisionero en el ataque del fuerte Washington el 16 de noviembre de 1776, examinar despacio todas aquellas fortificaciones y puestos; en consecuencia comenzamos a ascender la montaña con bastante dificultad enterrándonos a veces en la nieve hasta el pescuezo, pero al fin en una hora y media, o dos horas de tiempo lo visitamos todo: el fuerte Washington es un pentágono, reducido con cinco baluartes y almacén a prueba para la pólvora, pero sin agua ni foso; una guarnición de 300 hombres es cuanto puede abrigar para su defensa; su situación domina todas las alturas circunvecinas y el prospecto que comanda por todas partes es uno de los más agradables y extensivos que puede imaginarse. El fuerte George es un paralelogramo muy bien construido con cuatro baluartes, su almacén a prueba, barracas y aljibe; puede muy bien abrigar una guarnición de 400 hombres: tanto este fuerte, como los demás reductos, líneas, etc. que por aquí se ven construidos.

Por los británicos, manifiestan el buen gusto, solidez y juicio, que esta nación ingeniosa y sabia descubre en todas sus obras: el coronel de ingenieros Montrosél parece ser el autor de ellas, junto con el capitán del propio cuerpo Tyers. Concluida esta investigación militar y helado de frío a la verdad, descendimos a la venta, o taberna, donde me calenté exterior e interiormente con buen fuego y un vaso de vino y proseguí mi jornada para Nueva York; todo el terreno que sigue desde estas fortificaciones hacia Nueva York, es sumamente defensable hasta llegar al paso de Mc. Gowan distante como 3 millas, donde crece la dificultad y un pequeño número de tropas bien conducido, pueden detener el mayor ejército; siendo dueños de las aguas se entiende, los defensores. A las cinco de la tarde llegué a mi alojamiento de la ciudad pirrado de frío.

Pocos días después serenando un poco más el tiempo (bien que el frío cada vez más duro, *Sonda* y ríos helados) determiné hacer otra pequeña incursión sobre Long Island. A las doce del día me embarqué en el Ferry que llaman, en compañía de Jack Mc Evers joven de unos dieciocho años que con suma civilidad se me brindó para la expedición y atisbando coyuntura favorable para atravesar la *Sonda* por en medio de la gran cantidad de hielo flotante que la cubría, pasamos en menos de un cuarto de hora, con toda felicidad a Brooklyn, pequeño lugar situado en la rivera opuesta de Long Island que tendrá como 150 casas pequeñas, de gente pobre por la mayor parte; aquí comimos en la posada principal que es bastante buena y tomamos un *Sledge* para continuar la incursión, pues todo el país y caminos estaban cubiertos con 2 y medio, o 3 pies de nieve lo que menos. A las dos de la tarde dejamos Brooklyn, pasamos por Bedford otro pequeño lugar que está 4 millas más adelante camino de Jamaica y a las tres y media paramos en una posada 2 millas adelante, que llaman *the hall way house* para calentarnos un poco, pues traíamos ya los pies, manos, orejas, narices, etc., casi helados: después de haber bebido un vaso de vino y sentirnos tal cual reparados proseguimos nuestro camino corriendo como una exhalación y a las cinco llegamos a Jamaica en casa de mister Charles Mc. Evers, tío de mi joven compañero, que nos recibió con el mayor agasajo y hospitalidad; tiene tres hijas jóvenes de catorce a dieciocho años muy bien parecidas y pasablemente instruidas; dos hijos jóvenes también y un cuñado oficial en el servicio británico llamado capitán Bibby, edecán que fue del general Frazer en la acción de Saratoga, cuya mujer había muerto de sobreparto pocos meses antes; las muchachas se llaman miss Mary, miss Nancy, y miss Eliza de amabilísimo genio y particular aplicación a las Letras, miss Nancy en particular. En compañía pues de esta agradable compañía pasamos la noche muy divertidos y al siguiente día armamos (o por mejor decir dispuso mister Evers) una partida en *Sledges* para ir después de almorzar a ver algo del país; a las diez tomamos dos *Sledges* y toda la compañía nos embarcamos (excepto las damas, porque hacía demasiado frío) para ir a ver Hampstead Plain distante como 6 millas de Jamaica. Todo el terreno estaba cubierto de nieve y puedo asegurar que cuando llegué a esparcir la vista por dicha llanura, me pareció un gran lago pues por varias partes forma horizonte y la superficie parece tan igual como la del mar, se dice tiene 20 millas de largo y sobre 7 de ancho. De aquí procedimos a visitar dos familias principales que viven en las inmediaciones 4 millas más adelante, la primera fue la mujer, e hijos del coronel Ludlow y la otra mujer e hija del Judge Ludlow, que está contigua a menos de milla de distancia, en una hermosa y muy agradable casa de campo donde perfectamente gozan la apacible vida del campo. A 3 o 4 millas más adelante está un montezuelo, o altura que llaman Succes Hill, en cuya cima hay un pequeño lago (Succes Pond) que en todos tiempos se mantiene lleno de aguas, tiene mucho pescado y un fondo extraordinario. Desde esta altura se descubre el prospecto más agradable y al mismo tiempo se ve la *Sonda*, el océano y las tierras de Conneticut. Para las tres nos restituimos a Jamaica y el resto del día lo pasamos al lado de un buen fuego en sociable, militar y literaria conversación. Al siguiente día después de almorzar, mister Mc Evers y yo tomamos el *Sledge* e hicimos otra incursión hacia la parte del sur de la isla por el paraje que llaman Rock Way, distante 12 millas de Jamaica, los caminos son sumamente llanos y agradables, pues por todas partes se ve agricultura, habitaciones, aguas y bosquezuelos ventajosamente bien situados. A las tres estábamos ya de vuelta, habiendo andado más de 30 millas en dos horas y media de tiempo, sin fatigar los caballos en lo mínimo. La noche la pasamos en la misma agradable compañía que la antecedente y al siguiente día me restituí a Nueva York, pues el sumo frío no permitía muchos paseos por el campo y a la verdad me hacía ya apetecer el abrigo de cómodo alojamiento en la ciudad. Después de almorzar Capa Bibby y yo nos fuimos a visitar (ínterin se preparaban los *Sledges* para la marcha) algunos campamentos formados por las tropas británicas, que estuvieron acantonadas en estos parajes a cosa de una milla de distancia del lugar en las faldas de unas colinas inmediatas; cuyas huts, o chozas aún permanecen, construidas con sumo arte y acierto; la chimenea es de piedra suelta, sin ningún género de mezcla y el resto de alguna madera y palmas, tan bien abrigado todo que pueden resistir el más duro invierno, tal vez mejor que las casas de la ciudad; cada una puede contener de cuarenta a cincuenta personas y en caso necesario una compañía. A las doce tomamos nuestros carruajes y en compañía de mi camarada el joven Mc Evers, nuestro generoso huésped Old Mc Evers (que también quiso acompañarme a Nueva York) y su hijo, emprendimos la marcha; cerca de las dos llegamos a las inmediaciones de Brooklyn, donde paramos a examinar las fortificaciones construidas por los británicos (a una milla de distancia) con el objeto de conservar aquel puesto aun cuando el enemigo se hiciese dueño de toda la Isla, pues siendo el terreno bastante elevado y opuesto justamente a Nueva York, les podrían obligar a abandonar la ciudad, siempre que se apoderasen de este puesto; la fortificación principal que llaman New Fort, es un paralelogramo muy bien construido, con cuatro baluartes, foso espacioso almacén a prueba, agua de pozo y barracas para la guarnición; podrá abrigar muy bien una guarnición de 1.600 hombres; dos o tres puestos más construidos con igual juicio, e inteligencia forman como unas obras avanzadas del antecedente. Por allí se ve igualmente los trazos y restos de las líneas americanas que los británicos quisieron atacar el año 1776 cuando Washington se retiró por la noche con todo su ejército a Nueva York por el ferry, dejándoles enteramente burlados y redimiéndose seguramente de una ruina irremediable; también se ven *the heights* of Guana, donde dos días antes fueron completamente derrotados y hechos prisioneros los generales americanos Sullivan, lord Stirling y Udell, que bajo de las órdenes de Putnam, se batieron tenazmente con un cuerpo de 6.600 hombres, contra el ejército británico que mandaba el general Howe compuesto de 22.000 el 27 de agosto. A las tres nos embarcamos en el Ferry Boat y logrando la oportunidad de una clara sobre el East River para evitar el hielo flotante, en un cuarto de hora atravesamos el paso. Long Island es considerada por los newyorkinos como el Hesperia de la América y no se puede negar que la superficie del país, caminos, aguas, cultura, bosques etc., la hacen parecer un jardín ameno y agradable en el verano. La calidad del terreno, productos etc., es muy semejante al de Jersey: la memoria número que recibí del coronel William Floyd y mister Gilston, vecinos nativos de dicho país y sujetos de instrucción e incontestable veracidad, es prueba de lo dicho. La isla ésta tendrá como 140 millas de largo y de 9 a 15 de ancho, sus frutas son muy buenas y entre ellas se distingue la manzana llamada Newton Pippins, que se considera superior a toda fruta de su especie en el universo. Su población se asegura llega a 30.000 individuos; y contiene 90.000 cabezas de ganado vacuno y 1.00.000 de ganado lanar (ovejas).

# West Point, 20 febrero 1784

El 20 de febrero emprendí otra incursión hacia West Point, con designio de ver este célebre puesto y parajes circunvecinos en que se representaron algunas escenas militares de la guerra última. Provisto pues de cartas de recomendación que me dio el gobernador del Estado Clinton, mi amigo el coronel Hamilton, general mister Dougall, mister Parker, etc. Tomé mi *Sledge*, a las dos de la tarde y en compañía de Cornt. Taylord emprendí mi marcha; a las tres llegamos a la casa de campo llamada Col. retirado Morris's Country house, distante 10 millas de Nueva York, una de las más hermosas y agradables de su especie que he visto en América, tanto por su situación como por la limpieza y gusto en que está construida. Dos millas más adelante están las pequeñas montañas llamadas Land Hill y Laurel Hill, donde paramos y subiendo a pie al fuerte Washington situado sobre la primera, tuve el gusto de dar una vista otra vez a las famosas líneas británicas que tengo mencionadas anteriormente. Tres millas más adelante pasamos King's Bridge que está sobre el arroyo llamado Harlem Creek el cual forma la isla de Nueva York, separándola del continente por aquella parte; y andando una milla más llegamos a la casa de Courtland donde hicimos noche, habiendo sido muy bien recibidos y hospedados por la señora mujer del general mister Morris y sus dos hijos más jóvenes. Por la mañana temprano nos pusimos en marcha y atravesando el espacio de 14 millas por un terreno sumamente quebrado y montuoso llegamos a White Plains. Aquí almorzamos en una pequeña posada, que es la única casa que allí permanece y concluido procedimos a visitar los puestos y situación de los ejércitos Americanos y británico que operaron sobre dicho terreno el mes de septiembre de 1776. Allí permanecen aún los restos de las baterías y líneas, que cubrían el ejército americano, compuesto de 20.000 hombres, cuando el general Howe con el británico consistente en 22.000 le quiso atacar. Se ve sobre la derecha igualmente el puesto llamado Charterton's Hill, donde el general americano mister Dougall fue atacado y batido por superior fuerza británica, obligándole a retirarse bajo las líneas del ejército... Una y media milla más hacia el interior del país, están las montañas de North Castel, donde tomó su segunda posición el ejército americano y aún se ven restos de las líneas que le cubrían: el pequeño río Bruncks corre por sus faldas y quebradas. No hay duda que considerando todas circunstancias, la posición primera del ejército americano era sumamente débil y que los británicos debieron haberle batido antes, al mismo tiempo que intentó alterar su posición; pero no es ésta la primera que se le escapara al general Howe, ni tampoco el primer lance de la especie que por su culpa redime a Washington y su ejército de una ruina absoluta. La segunda posición era ventajosa y juiciosamente ocupada; el ataque entonces tal vez hubiera sido imprudente por parte de los británicos. Cuatro millas más adelante se encuentra otro pequeño río llamado Somell sobre el cual hay un pequeño puente de madera y una milla más allá está el pequeño lugar de Tarry Town sobre el North River. Cerca de este paraje se ve un gran árbol sobre el mismo camino real, en cuyo sitio fue arrestado por tres jóvenes labradores milicianos el sargento mayor Andree, cuyo suceso produjo tanto ruido después, de aquí le llevaron a New Salem que dista 10 millas y desde aquí a West Point 10 millas más adelante a 9 millas de Tarry Town se encuentra New Bridge, un puente bien construido de madera, que está sobre el río Croton, cuyas aguas son bastante abundantes; aquí comimos tal cual en un *auberge* rural y siguiendo nuestra ruta por un camino siempre quebrado, montuoso y cubierto de rocas, llegamos al ponerse el Sol a Peekshil pequeño village de unas veinte o treinta casas pequeñas, sobre la rivera del North River, a 10 millas más adelante. Aquí encontramos tal cual posada y una escena la más cómica entre un esquire del lugar, a justice of Peace y un borracho, que se encajó en la posada, les insultó de mil modos y nadie se atrevió a contenerle, o echarle de la casa, sin embargo de que los insultados personajes componían la police del lugar y manifestaban ganas de ejecutarlo. Al siguiente día procedimos nuestra ruta sobre el hielo por medio del North River, cuya superficie parecía toda una lámina muy pulida y hermosa; el hielo tendría 2 pies de espesor y la nieve que había encima de este uno y medio, de modo que no llevábamos el menor recelo de riesgo, pues sin embargo de que muchas veces se verifica romperse este por los parajes en que el viento se introduce entre la superficie de las aguas y la tabla del hielo, el camino estaba ya tan trillado con la multitud de *Sledges* que iban y venían por el río arriba, que no había fundamento para el menor cuidado. Aseguro ingenuamente que este espectáculo todo me pareció una de las más extrañas escenas que pueden verse en la naturaleza; las riveras del río por ambos parajes son sumamente elevadas y montuosas, la superficie de sus aguas bastante extensiva y espaciosa, de modo que mirar el alto de las montañas cuando se va por medio del río, o por el contrario observar desde las alturas los carruajes que corren por medio de este, es una escena magnífica y extraordinaria: los objetos parecen tan diminutos en medio de estos majestuosos rasgos de la naturaleza, que los caballos y el *Sledge* se me antojaban algún juguete de niño de la misma forma, tirado por un par de perrillos de falda. A las diez de la mañana llegamos a West Point y nos dirigimos a la posada que allí hay, sin que nadie investigase, ni se cuidara de saber quiénes eran los forasteros nuevamente llegados, una de las más agradables circunstancias que se gozan en un país libre: ¿cuántas formalidades no hubieran sido necesarias en Francia, Alemania etc., primero que se nos hubiese permitido entrar en dicho puesto? A las once, después de haber tomado un segundo almuerzo, fuimos mister Taylor y yo a visitar el comandante del puesto, a quien entregamos nuestras credenciales y nos recibió con la mayor hospitalidad y atención, obligándonos a tomar alojamiento en su casa propia. El día estaba sereno y algo templado el frío, por cuya circunstancia aprovechando la ocasión emprendimos inmediatamente la visita militar, comenzando por los almacenes de armas, municiones, etc. En éstos se conservan como unos 20.000 fusiles de infantería fábrica francesa, con bayoneta y correaje respectivo; algunas municiones de artillería, juegos de armas, partisanas, sables y no en el mejor estado de limpieza, colocación, ni aseo. Allí se ve igualmente el modelo en pintura de la medalla del orden de Cincinatus. Pero lo que verdaderamente es digno de admirar y merece observación es la famosa cadena que servía para cortar enteramente la navegación del río, atravesándola desde el fuerte Clinton a la isla Constitución, que reduce la anchura del río por este paraje, forzándole a pasar por un canal profundo de 70 brazas y poco más de media milla de ancho. Los eslabones de la cadena son de la forma ordinaria, pero de un espesor tan considerable que no sé cómo podían mantenerle sobre agua: de distancia en distancia había unos gruesos maderos unidos al hierro que servían a soportarla y para que la marea al montar y descender no hiciese mucha impresión sobre ellos y la rompiese, tenían mucho cuidado en que estuviesen colocados de punta, esto es, presentando la punta del madero a la corriente; por cuyo medio y cuatro robustos cabrestantes que había fijos en ambas orillas, la mantenían tirante sobre la superficie de las aguas; algunos anclotes se dice también contribuían a sujetarla, pero yo no concibo la utilidad que éstos podían producir para el caso, en un fondo tan profundo. No puede negarse que la máquina ésta es un esfuerzo del genio, industria y espíritu audaz del pueblo que la produjo. Dícese que su costo asciende a 70.000 libras y no dudo que si el rey de España la hubiese pagado, hubiera costado más; pero a ellos no creo les costase la décima parte de esta suma. De aquí pasamos al fuerte principal que se llama Clinton (del nombre del coronel que con su tropa comenzó a levantar tierra y edificarlo) situado sobre la rivera del río, opuesta justamente a Constitution Island, en paraje elevado que comanda perfectamente el canal del río y baterías rasantes que al pie hay construidas para protección de la cadena; su recinto es más bien estrecho que otra cosa y su construcción e idea de un mérito común; el general americano Du Portalle, capitán que era de ingenieros en Francia y pasó al servicio continental en los principios de la revolución, es el autor de esta obra. Está allí depositado igualmente un tren de artillería de 160 piezas de todos calibres con carros de municiones avantrenes etc. la mayor parte tomadas a los Ingleses en Saratoga y York Town; pues han adoptado el estilo de poner una inscripción a todas las piezas que han tomado de los enemigos (idea del general Knox) en que se lee el paraje, o sitio donde fue tomada; fabricándose por este medio otros tantos monumentos de sus gloriosos triunfos, sin costo alguno. Entre ellas se ven también cuatro pequeñas piezas de antigua construcción, su calibre como de a cuatro, que junto con dos morteros viejos de marina, componían todo el tren de artillería, conque comenzó el ejército americano a disputar la independencia de este Continente; el pueblo de Boston las sacó de la ciudad encubiertas en carros de heno. De aquí ascendimos la montaña inmediata que comanda dicho fuerte Clinton y la llanura en que están establecidos los edificios principales como son cuarteles, casa del comandante, almacenes, etc. y allí está el fuerte Putnam (también toma su nombre del coronel que le comenzó a construir) que es el que sigue en consistencia y fuerza al fuerte Clinton, bien que aun es mucho más reducido; obra del general americano Kosiuszque, polonés de nacimiento que pasó a este continente cuando la revolución; una serie de montañas que mutuamente se dominan hace que estos puestos parezcan defensas muy precarias; a que se añade que las producciones del arte en fortificarles, ni son ingeniosas ni de mucho juicio; aún se estaban corrigiendo imperfecciones en este fuerte cuando concluyó la guerra y así se ven un millón por corregir todavía: si alguno de los fuertes circunvecinos merece el nombre de llave del puesto, es este; pero en mi concepto el más dominante, es el primer escalón por donde se puede comenzar a desalojar consecutivamente sin mucha dificultad, a menos de que un ejército en campo raso, no se oponga a ello. Los fuertes Willis y Webb (que también toman su nombre de los oficiales que con su tropa comenzaron a construirlos) no son otra cosa que unos reductos, dominados sucesivamente por algún otro, o por alguna altura inmediata: concluida la visita de todos estos puestos nos retiramos serían las tres de la tarde en casa del comandante coronel Hull que nos dio buena comida; y por la noche gozamos de la compañía de las damas de la guarnición que a la novedad de los extranjeros, vinieron a tomar té con mister Hull. Al siguiente día después de almorzar emprendimos otra vez nuestra visita militar, en compañía de la mayor parte de los oficiales de la guarnición que quisieron bien acompañarnos y ascendiendo la montaña no con poca dificultad y fatiga, pues es bien alta y perpendicular, cubierta toda de hielo y nieve en la sazón; llegamos a los puntos número 1, 2, 3, 4, que corren en circunferencia de 5 millas alrededor de todo el puesto y son otros tantos reductos cuyos terraplenes apenas pueden soportar artillería ligera: una serie de dominaciones que circuyen este puesto ha producido tanto número de débiles obras avanzadas, de que resulta que las partes superiores y que debían ser las más robustas y fuertes, son las más débiles; nuestro paseo este día concluyó en una casa fuerte de madera (a Block House) que está sobre el río, muy bien construida y es la obra más avanzada por aquella parte; a las tres y media llegamos no poco fatigados al alojamiento del sargento mayor de artillería Doughty, que nos dio muy bien de comer; y por la noche estuvimos a tomar té y cenar en casa del comandante de artillería sargento mayor Bauman que nos obsequió muy bien igualmente. Temprano al día siguiente atravesamos el río en *Sledge* y visitamos las fortificaciones de Constitution Island, que consisten en tres fuertes reductos muy bien construidos y situados en parajes dominantes que protegen la gran cadena y pase del río por aquel paraje: hicimos igualmente una observación cortando el hielo por el conmedio del canal y le hallamos 2 y medio pies de espesor. De aquí pasamos en nuestro *Sledge* sobre el río a la parte opuesta por el paraje que llaman el ferry y ascendiendo una montaña sumamente elevada y de difícil acceso visitamos los dos puestos que llaman South y North Forts, que son unos reductos medianos situados en parajes muy dominantes de acceso difícil; desde ellos se descubre infinito terreno y un prospecto inmenso sobre el North River; ambos son obra del ingeniero Du-Portalle y en mi concepto no podrían servir para mucho más, que descubrir los aproches del enemigo por aquellos parajes. Al pie de estas alturas y a 2 millas de West Point, está la habitación y casa del general M'Dougall (llamada antes del coronel Robisson) donde bajamos a las tres y su hijo el coronel que a la sazón se hallaba allí únicamente, nos dio muy bien de comer; por cierto que las mejores manzanas que he gustado en mi vida, las comí allí este día (llámanlas Pippins y las de este paraje son muy especiales) dicha casa es la misma en que vivía el general Arnold y su mujer, cuando se escapó, al tiempo de descubrirse su ignominiosa traición por la captura de mayor Andree. Al oscurecer nos volvimos toda la comitiva a West Point, donde los demás oficiales subalternos nos obsequiaron con una cena muy decente. West Point es por su situación el punto más ventajoso que podía elegirse para cortar la navegación del río, pues además de la angostura de este por aquel paraje, la vuelta que da el río, obliga precisamente a toda embarcación a cambiar las velas y cortar por consecuencia el curso de su velocidad; a cuyo tiempo los obstáculos y baterías mencionadas, le pueden arruinar facilísimamente: un ataque por tierra sería de más probable suceso, pero como siempre el ejército mantenía una posición capaz de socorrerle en caso de necesidad, esto no era posible tampoco: la situación es sumamente romanesca y elevada en las partes superiores; Buter Hill que está justamente pegado tiene 1.200 pies de elevación sobre la superficie del río: veense también desde West Point las montañas Catskill que son las más altas de todo este continente por esta parte. Entre las cosas ingeniosas que noté aquí en la artillería fueron dos cañones como de a dieciocho que habiéndoles desmuñonado los ingleses (como lo hacían comúnmente cuando tomaban gruesa artillería a los americanos), éstos los habilitaron, poniendo a uno muñones supuestos, por medio de un sortijón de hierro que le introdujeron por la boca y afianzaron en el paraje correspondiente con sus muñones pegados; al otro le embutieron hasta la mitad en un trozo de madera y así le colocaron sobre la cureña donde hacía su servicio como todos los demás... ¡cuánto no descubre el espíritu, e industria humana, cuando la necesidad le obliga!

El 26 temprano, después de tomar un ligero almuerzo, emprendimos nuestra vuelta a Nueva York por la parte de Jersey con el ánimo de ver la cascada de Passaic; los oficiales de la guarnición fueron tan civiles y atentos que quisieron venir acompañándonos por obsequio hasta Stony Point, coronel Hull, mister Pierce, paymaster general; mayor Guibbs; mayor Doughty; mister Taylor y yo nos acomodamos muy bien en dos *Sledges* y marchamos río abajo por encima del hielo como una exhalación: 5 millas más abajo de West Point sobre la rivera del oeste del río se ven las ruinas y situación del fuerte Montgomery y asimismo la punta de la rivera opuesta llamada Antony's nose (por la similitud que forma de una nariz) en que estaba fijada una cadena, para cortar la navegación del río, protegida por el fuerte Montgomery; cuya pérdida hizo que los americanos formasen después la idea de fortificar y establecer a West Point. Continuando nuestra lapónica ruta sobre el hielo llegamos a Verplanck's Point, 7 millas más abajo, donde tomamos tierra y atravesando un espacio como de 2 millas llegamos a King's ferry, frente de Stony Point donde está un reducto, capaz y muy bien construido (tal vez el mejor que he visto jamás, de su especie) llamado la Fayette: se ve igualmente en estas inmediaciones el campamento que los ejércitos americano y francés ocuparon el año de 82 a su retirada de Virginia, después de la toma de Cornwallis etc. y no olvidaré recordar aquí una anécdota, que en este paraje ocurrió, digna de la inmortalidad. Un paisano amo del terreno en que estaba plantado el campamento francés, hizo su aplicación para que le pagasen el piso, los oficiales no hicieron caso de la pretensión, ni quisieron dar una respuesta satisfactoria; lo cual visto por el patán republicano, se quitó de ruidos y fue en busca del Sheriff para que arrestase al deudor; y vea Vmd. venir estos dos pobres labradores sin una simple arma en la mano, pero si con el Paladio y autoridad de las leyes, resueltos con firmeza heroica a arrestar al general francés mister de Rochambeau al frente de todo su ejército, por el pagamento de los perjuicios y establecimiento del campamento sobre sus tierras... El general fue efectivamente retenido por el Sheriff y pagó al punto lo que se debía al pobre labrador (unos 10 o 15, pesos era toda la suma) con lo cual terminó el procedimiento... ¿cómo es posible que bajo de semejante auspicios, no florezcan los países más áridos y desiertos? ¿y que los hombres más pusilánimes, e ínfimos sean dentro de poco tiempo honestos, justos, industriosos, sabios y valientes? De King's ferry atravesamos el río sobre el hielo, no con poco recelo, pues en algunos parajes trasminaba el agua y se conocía que estaba bastante delgado; pero un buen guía que llevábamos por delante y un palo en la mano para soportarnos en caso de que los pies abriesen grande agüero, nos animó; y todos pasamos a pie, echando por delante el *Sledge* y caballos para mayor seguridad. Tendrá el río por este paraje algo más de una milla de ancho: en una pobre taberna que allí hay encontramos algún pescado fresco que acababan de coger en el río (por un agujero que para este efecto abrieron sobre el hielo) del cual dispusimos nos compusiesen algo que comer, en el ínterin que íbamos a visitar el puesto. Stony Point está sobre la rivera del oeste del North River, enfrente justamente del fuerte la Fayette y es por su forma y situación uno de los más ventajosos puntos de fortificación que la naturaleza ha formado... comanda perfectamente cuanto terreno hay alrededor bajo el alcance del cañón y por su configuración flanquea naturalmente todas las avenidas por donde puede ser atacado; de modo que con poquísimo auxilio del arte, puede formarse aquí una de las más fuertes piezas de fortificación, que quiera imaginarse...

En el día solo hay un pequeño fuerte de tierra y madera, que fue a lo que le redujeron los americanos después de haberle tomado y arruinado sus fortificaciones; pero aún se ven muy distintamente los trazos, fosos, etc., de éstas, según estaban construidas por los británicos y puedo asegurar ingenuamente que después de haber bien examinado y meditado el asunto, no concibo como pudo practicarse la operación de la toma, tan a poca costa... La guarnición consistía en 800 hombres de tropa reglada, número suficiente para su defensa; pues aunque quiera ocurrirse al efugio de decir fueron sorprendidos, no es probable, cuando sabemos que los puestos avanzados dieron su alarma a tiempo, e hicieron fuego sobre las partidas americanas que atacaron; la fuerza de éstas ascendía en todo a 1.200 hombres escogidos y mandados por el general Wayne: las órdenes eran de que nadie cargase el fusil y de matar al primero que cejase hacia atrás, pues la idea era atacar y asaltarle solo con la bayoneta... un soldado insistió en cargar sin embargo de las órdenes antecedentes y el oficial que estaba presente le mató inmediatamente con su espontón, cuyo ejemplar severo y muy digno de aplauso, contuvo el desorden y dio éxito a la empresa: las pérdidas fueron sesenta muertos y cuarenta heridos por parte de los británicos; treinta muertos y setenta heridos de los americanos. El detalle de toda esta acción lo obtuve sobre el mismo terreno, por el coronel Hull comandante actual de West Point, como llevo dicho y que asistió personalmente a dicha acción; poseyendo además de las cualidades de militar y buen soldado, bastante instrucción, juicio y veracidad; cuyas circunstancias no me dejan duda ser ésta una de las más brillantes acciones de su especie, que en la historia militar puede encontrarse... concluida nuestra investigación militar, nos volvimos a la taberna donde encontramos ya nuestra dispuesta comida pronta, con la adición de algunas batatas, buena manteca y cidra en abundancia: el apetito estaba bien dispuesto también y así comimos grandemente en el estilo campestre, tomando luego el camino, pues eran ya las dos de la tarde. Los amigos acompañantes volvieron a pasar el río con el mismo guía que trajimos para tomar su *Sledge* que quedó en el fuerte la Fayette y seguir a West Point; y nosotros (mister Taylor y yo) tomamos el nuestro, para seguir en demanda de Passaic Falls. Andando como 2 millas sobre el camino carretero, cerca de la rivera del río está la casa de mister Smith donde desembarcó el mayor Andrée y tuvo su primera conferencia con el general Arnold; es bastante capaz, nueva y de buena arquitectura; 3 millas más adelante, andando siempre por camino bastante bueno, encontramos el pequeño lugar de Haverstrow, situado justamente sobre la rivera del North River; aquí notamos que había una cantidad enorme de leña cortada para remitir a Nueva York conforme el hielo se deshiciese y franqueara la navegación del río, pues se experimentaba una escasez tan suma, que un carro de leña solía valer 20 o 30 pesos. Siete millas más adelante encontramos el lugar llamado Clarkstown que tendrá como quince casas de vecindario; aquí nos detuvimos a dar un pienso a los caballos y tomar un calentón, pues el frío apretaba como un demonio; lo cual verificado seguimos adelante y andando aún 7 millas llegamos al oscurecer a Orangetown (otros la llaman Tappan, del nombre del distrito) donde hicimos noche en una posada holandesa, su vecindario está incluido en dieciséis casas: veese aquí la situación que ocupaba el ejército americano en sus campamentos, el año de 81 cuando el desgraciado Andrée fue ahorcado; he visto el cuarto de su prisión, gentes que le asistieron con inmediación... y paraje de la ejecución. Al pie de la horca se enterró su cuerpo y allí existe aún su sepulcro, con la marca de dos lápidas comunes sin inscripción, ni marca que indique el menor recuerdo de su memoria... no me queda duda, después de haber examinado profundamente el asunto y recogido la más autentica información, de que el plan del proyecto que le condujo al suplicio mencionado, fue parto suyo enteramente, apoyado sobre la estrecha amistad que formó en Filadelfia con mister Arnold (entonces Shippin) cuyo conducto le pareció y fue sin duda el más adecuado para manejar el complot: el suceso manifestó muy bien que no le faltaba habilidad para la trama y manejo de gabinete; pero al mismo tiempo nos deja conocer, que ni era hombre para la ejecución, ni tampoco tenía aquella presencia de ánimo que es indispensable para manejar estos lances... El modo de jugar el suyo Arnold cuando por una carta supo que el dicho Andrée era arrestado, etc. escapándose sin la pérdida de un minuto, de entre el medio de todos sus enemigos, por encima de un millón de riesgos; forma un contraste bien singular y característico del genio y espíritu de entrambos. Por la mañana a las ocho después de almorzar continuamos nuestra ruta, por un camino sumamente agradable, sobre los bordes del Second River, cuyos campos son los más bien poblados, amenos y deliciosos que pueden verse en esta parte del globo y a 10 millas encontramos el lugar de Peramus, de la misma población que el antecedente: y continuando por un camino igualmente agradable 7 millas más adelante, llegamos al pequeño lugar llamado Totaway Bridge, del nombre de un puente que allí hay sobre el río Passaic... Aquí paramos en una posada regular y dando tiempo a que los caballos tomasen un pienso para pasar a ver la catarata que está a media milla río arriba, nos fuimos en el ínterin mi compañero y yo a ver un fenómeno, no menos curioso, conocido allí por, *the child with the big head*, su nombre es Peter Vanweette de una familia originaria de Holanda, como lo son las más de este país; su cuerpo y miembros son correspondientes a un muchacho de seis años, pero la cabeza tan monstruosa que parece la de un gigante; sin duda abultará como tres cabezas de hombres regulares y la mayor enormidad es en la parte superior... su complexión es muy blanca, pelo rubio, ojos azules y vista tierna, la barba es regularmente poblada y nunca ha permitido que le afeiten, una criada se la corta con unas tijeras; de estar siempre recostado (pues no puede mantenerse de otro modo) tiene desfigurado el lado derecho de la cara... cuando nació, me informó su padre, hermano y familia, no demostraba semejante imperfección, bien que tenía el hueso abierto desde la sexta derecha hasta el cerebro; pero a pocos días se notaba ya que la cabeza le crecía desmesuradamente y así continuo creciéndole hasta que tuvo diez años de edad que parece terminó su obra la naturaleza y paró; cuando yo le vi tenía ya veintiocho y nunca había tenido grave enfermedad... come y bebe grandemente de todo sin estar sujeto a indigestiones, no obstante que jamás deja de estar echado en su cuna, pues le es imposible manejar, o soportar la cabeza con el cuerpo. Gasta buen humor y parece de un natural pacífico y alegre, gusta que le visiten los extranjeros y conversa con bastante racionalidad; entre las cosas que hablamos me dijo, que conocía y tenía amigos en casi todos los países de la Europa menos en España, por cuya razón celebraba mucho más de conocerme... que sus viajes sobre la tierra solo se habían extendido a 2 millas (en una muda de casa que hizo la familia) pero que los de debajo tal vez serían de mayor extensión... ¡Él parece enteramente conforme con su suerte, que es cosa bien particular, por cierto! De aquí nos fuimos a ver the falls, que como llevo dicho están a media milla más arriba del puente. La altura desde donde cae el agua será de 65 pies y el ancho del río por aquel paraje como de 80 varas; hay allí igualmente una caverna formada por las mismas rocas, que llaman la chimenea por su configuración. No hay duda que la cascada es bastante alta, espaciosa y que merece verse; pero no tiene prospecto absolutamente, pues cae en una grieta estrecha que forma la roca y así no puede verse de frente, ni horizontalmente: cuando se examina de arriba, el ángulo que forma la vista es casi recto; y si vamos al otro lado del río para tomar un punto horizontal, el ángulo es sumamente agudo... de modo que más agrada la idea que presenta la imaginación, que la que procura la vista. Concluida esta observación nos volvimos a comer al lugar y a las dos de la tarde emprendimos nuestra vuelta a Nueva York. A 7 millas de camino muy bueno y sumamente agradable, encontramos el pequeño lugar de Aquackmunk; 6 millas más adelante una especie de terreno cenagoso que produce una madera llamada *Ceder* muy propia para la construcción de navíos, etc. que llaman *Schuyley Swamp* y 4 adelante el lugar de Bergentown, cuya población llegará a ochenta casas. Procediendo 2 millas más adelante, llegamos serían las cinco de la tarde a Paulus Hook; en este Ferry House encontré el posadero más insolente y pícaro que he conocido en toda América, o por mejor decir el único; pues habiendo yo llegado con tiempo suficiente para embarcarme en el bote y pasar a dormir a Nueva York, como era mi idea, por no sé que palabra que oyó a mi criado sobre pasar o no los caballos, hace señal al bote de que se vaya, cuando actualmente estaba yo pagando mi pasaje en la casa y me deja allí aquella noche para sacarme los gastos de la posada por la mañana... ¡No sé a la verdad como tuve sufrimiento para aguantar este bribonazo! Todo el país referido de Jersey, está altamente cultivado, muy bien poblado y por su situación y amenidad todo junto, forma uno de los más agradables campos que mis ojos han visto jamás... El 26 por la mañana, después de haber dado una vista al famoso puesto, que el bizarro coronel Lee (oficial americano que entonces tendría veinticuatro años de edad), con 400 hombres, sorprendió la guarnición inglesa, compuesta de 200 regulares, clavó la artillería, se llevó varios prisioneros, e hizo su retirada con todo suceso.

# Libros a la carta

A la carta es un servicio especializado para
empresas,
librerías,
bibliotecas,
editoriales
y centros de enseñanza;
y permite confeccionar libros que, por su formato y concepción, sirven a los propósitos más específicos de estas instituciones.

Las empresas nos encargan ediciones personalizadas para marketing editorial o para regalos institucionales. Y los interesados solicitan, a título personal, ediciones antiguas, o no disponibles en el mercado; y las acompañan con notas y comentarios críticos.

Las ediciones tienen como apoyo un libro de estilo con todo tipo de referencias sobre los criterios de tratamiento tipográfico aplicados a nuestros libros que puede ser consultado en Linkgua-ediciones.com.

Linkgua edita por encargo diferentes versiones de una misma obra con distintos tratamientos ortotipográficos (actualizaciones de carácter divulgativo de un clásico, o versiones estrictamente fieles a la edición original de referencia).

Este servicio de ediciones a la carta le permitirá, si usted se dedica a la enseñanza, tener una forma de hacer pública su interpretación de un texto y, sobre una versión digitalizada «base», usted podrá introducir interpretaciones del texto fuente. Es un tópico que los profesores denuncien en clase los desmanes de una edición, o vayan comentando errores de interpretación de un texto y ésta es una solución útil a esa necesidad del mundo académico.

Asimismo publicamos de manera sistemática, en un mismo catálogo, tesis doctorales y actas de congresos académicos, que son distribuidas a través de nuestra Web.

El servicio de «libros a la carta» funciona de dos formas.

1. Tenemos un fondo de libros digitalizados que usted puede personalizar en tiradas de al menos cinco ejemplares. Estas personalizaciones pueden ser de todo tipo: añadir notas de clase para uso de un grupo de estudiantes, introducir logos corporativos para uso con fines de marketing empresarial, etc., etc.

2. Buscamos libros descatalogados de otras editoriales y los reeditamos en tiradas cortas a petición de un cliente.